阅读成就思想……

Read to Achieve

领导者演讲力

成为会演讲、会表达的领导者

［美］格兰维尔·N. 涂古德 ◎ 著
（Granville N.Toogood）

孙诗惠 ◎ 译

The New Articulate Executive

Look, Act, and Sound Like a Leader

中国人民大学出版社
·北京·

图书在版编目（CIP）数据

领导者演讲力：成为会演讲、会表达的领导者 / （美）格兰维尔·N.涂古德著；孙诗惠译. -- 北京：中国人民大学出版社，2022.9
书名原文：The New Articulate Executive: Look, Act, and Sound Like a Leader
ISBN 978-7-300-30868-5

Ⅰ. ①领… Ⅱ. ①格… ②孙… Ⅲ. ①领导人员－演讲－语言艺术 Ⅳ. ①C933.2②H019

中国版本图书馆CIP数据核字(2022)第139373号

领导者演讲力：成为会演讲、会表达的领导者
[美]格兰维尔·N.涂古德（Granville N. Toogood） 著
孙诗惠 译
Lingdaozhe Yanjiangli: Chengwei Hui Yanjiang、Hui Biaoda de Lingdaozhe

出版发行	中国人民大学出版社		
社　　址	北京中关村大街31号	邮政编码	100080
电　　话	010-62511242（总编室）		010-62511770（质管部）
	010-82501766（邮购部）		010-62514148（门市部）
	010-62515195（发行公司）		010-62515275（盗版举报）
网　　址	http://www.crup.com.cn		
经　　销	新华书店		
印　　刷	天津中印联印务有限公司		
规　　格	148mm×210mm　32开本	版　次	2022年9月第1版
印　　张	6.625　插页1	印　次	2022年9月第1次印刷
字　　数	135 000	定　价	59.00元

版权所有　　侵权必究　　印装差错　　负责调换

The New Articulate Executive

引 言

我们身处何处

19世纪的美国见证了演说家的黄金时代，亚伯拉罕·林肯（Abraham Lincoln）、马克·吐温（Mark Twain）、亨利·克莱（Henry Clay）、弗雷德里克·道格拉斯（Frederick Douglass）、丹尼尔·韦伯斯特（Daniel Webster）、约翰·卡尔霍恩（John Calhoun）和菲利普·布鲁克斯（Phillip Brooks）等人成了家喻户晓的人物。仅凭话语的力量，这些语言大师不仅帮助我们了解了我们是谁，而且还在几代人中引领了美国政治和文化的发展。

20世纪的美国见证了大众传播和媒体的迅速崛起。报业帝国在美国和英国出现。科幻小说以广播的形式变成了现实，电视以我们以前无法想象的方式改变了我们的生活。美国加利福尼亚州的一个小社区将一种名为电影的新艺术形式的神奇魅力传播至世界各地。

21世纪，我们仍然处于探索新领域的开拓阶段，这些新领域不同于广播、电视和报纸，就像有声的彩色电影不同于无声的黑白电影一样。我们正处于社交媒体时代的黎明时期。通过各种搜索引擎，你会发现社交媒体上有数百种生命形式、无穷无尽的定义、成千上万的专家、无数关于某个主题的书籍，以及数亿（甚至数十亿）种渴望被听到的声音。社交媒体允许对个人自由和个人主张进行混乱但欢快的表达，它是面向所有人的论坛，汇集着世界上前所未有的联结和关系，而且它每天都在不断壮大。

在美国，Twitter 是最强大的社交媒体工具之一。但就像所有社交媒体平台一样，它也无法决定其使用者的表现。

我们以唐纳德·特朗普为例。

2016 年总统大选期间，特朗普频繁通过 Twitter 与数百万的追随者进行即时沟通，而且确实受益于此。许多观察人士认为，巧妙地运用 Twitter 是特朗普在总统竞选中打出的一张王牌，这也帮助他获得了最后的胜利。

但我们不应该被这种现象所诱惑，也不应该相信 Twitter 制定了新的沟通标准。

权力、金钱、个人地位、社会成功以及政治和商业成就并非来自 140 个字母组成的片段，而是来自你多年来在一个崇尚和珍视卓越沟通技巧的世界中的努力。

特朗普可能会第一个告诉你，虽然 Twitter 是一个很好的工具，但是人们不是 Twitter。特朗普也不是 Twitter，他的整个商业生涯靠的是其出色的互动技巧和强大的说服能力。他之所以能成为一位成功的商人，靠的不是他的社交媒体平台，而是他与客户面对面的会议以

引言

及他在整个职业生涯中建立的人脉。同样，他之所以能在竞选期间鼓舞选民并获得支持者，靠的是他能够在集会和其他公共活动中直面选民并发表演讲。

他的前任巴拉克·奥巴马率先在美国政界使用了 Twitter，并成为第一位利用社交媒体获得权力的总统候选人。但是他的真正实力不在于 Twitter，而在于他非凡的口才和演讲能力。

Twitter、Facebook、领英（LinkdIn）、YouTube 和很多其他平台不仅能够帮助美国总统，而且能够帮助你推销你的业务和你自己，但它们永远不能成为你。社交媒体永远不能成为：

- 让分析师刮目相看，以至于公司股价在第二天就飙升了 20% 的新任首席执行官；
- 将生产效率提高 15% 的团队领导者；
- 提出能够塑造行业和市场愿景的企业家；
- 业绩年年攀升的销售人员；
- 突破心理障碍，打造一支从平庸走向冠军的球队的教练。

美国民意测验专家杨克洛维奇（Yankelovich）曾做过一项调查，他发现如果你比较同一行业中两家实力相当的公司，其中一家公司的首席执行官鲜为人知，而另一家公司的首席执行官是一位充满活力且能够影响重要受众的领导者，那么后一家公司的市场价值通常是前一家公司的两倍。

没有人能够远程完成这种戏剧性的对比。Twitter 做不到，Facebook

做不到，领英做不到，YouTube做不到，甚至博客和Buzz[①]也做不到，目前只有人做得到。

社交媒体只是一个工具。它是电子的、抽象的、数字化的，通常可以展示一些你拥有的小图像。它很有用，但它只是一个工具。相比之下，你不是一个工具。你是真实的存在，你必须被看见和听见。虽然你可能不会将自己视为亚伯拉罕·林肯或丹尼尔·韦伯斯特，但你和他们一样有着无限的领导潜能，会大有前途。

这本书能够帮助你激发你的潜能。我将在本书中介绍很多让你更有力量的工具，借助这些工具，你可以释放出在我们每个人内心中时刻等待被召唤的领导力。在某些时刻，无论你在做什么，你都可以将自己视为领导者。如果你愿意付出努力，你可能就会成为一位能够说服投资者、激励员工、与客户搞好关系的变革型领导者。最终，你可能会成为商界或政界中少有的优秀领导者，我将这些领导者称为标杆领导者。

如果变革型领导者能够召集其他人一起做一件事并做成很多事，那么标杆领导者通常是独自一人，永远走在变革浪潮的潮头，他们实际上是变革的推动者，为追随他们的变革型领导者扫清了前进道路上的障碍。

如果你觉得自己被这个遥远的目标或任何你想去的目的地所吸引，那么你应将这本书放进你的救生包。

---

① Buzz是谷歌公司推出的一款社交网络软件。——译者注

关于公开演讲你需要知道的一切

- 永远不要犯的七个错误
- 翻译：演讲的真正核心
- 4A 原则：组织你演讲思路原则
- POWER 公式：演讲完美的秘诀
- 逆流而上：从结论开始
- 展望未来
- 如何开始，如何结尾
- "火箭"：如何让你的演讲真正飞起来
- "项链"：适用于任何演示的简单而优雅的设计
- 18 分钟的墙，以及如何翻越它
- 八秒法则：吸引所有听众的秘诀
- 错误总结和 10 条重要的写作和说话规则
- 最常见的修辞错误
- 如何战胜恐惧
- 照稿演讲，但有即兴的效果
- 如何使用提词器和监听
- 掌握问答环节的艺术

The New Articulate Executive

目 录

PART 1　会演讲的领导更有魅力

第 1 章　领导者的沟通：秘密武器 / 003

第 2 章　领导者应具备的 3C 超强能力 / 008

第 3 章　演讲的第一要素：了解你的听众 / 012

第 4 章　你想成为领头羊还是工蜂 / 021

PART 2　化繁为简，打造完美的演讲

第 5 章　演讲的七个陷阱 / 027

第 6 章　简化演讲内容，让听众听得懂 / 030

第 7 章　决定演讲成败的 POWER 公式 / 038

第 8 章　像设计火箭一样设计你的演讲 / 068

PART 3 演讲技巧的刻意练习

第 9 章　如何俘获听众的心 / 081

第 10 章　用好 PPT，助力直击人心的演讲 / 090

第 11 章　写演讲稿的十大黄金法则 / 126

第 12 章　演讲中必知的注意事项 / 131

第 13 章　克服演讲时的紧张心理 / 154

PART 4 打造演讲现场的掌控感

第 14 章　轻松应对提问环节 / 169

第 15 章　学会与媒体打交道 / 179

PART 5 别让你的领导力输在演讲上

第 16 章　演讲能力的自我提升训练 / 187

第 17 章　出色的演讲能力让你的未来可期 / 189

后　记　成为优秀的演讲者，你准备好了吗 / 194

1

会演讲的领导更有魅力

The New Articulate Executive

第1章

领导者的沟通：秘密武器

传奇的商业领袖都获得了巨大的成功。他们不仅是出色的沟通者，而且能认识到并珍视他人的这种宝贵技能。

通用电气前董事长杰克·韦尔奇（Jack Welch）即使在离职多年以后，也还被人们称为美国最受尊敬的首席执行官之一。他曾经说，他在未来的领导者身上寻找的首要品质是"可以与来自世界上任何地方（无论是来自新德里、莫斯科、开罗，还是来自北京）的任何人轻松交谈"。换句话说，这个人可以跨越国界和文化障碍取得成功，可以走进世界上任何地方的某个房间去解决问题、取悦客户、建立合作伙伴关系或达成交易。韦尔奇说，这类人是最重要的商业资产，对任何希望发展和繁荣的公司而言都是绝对必要的。

沃伦·巴菲特是世界上最富有的人之一。他曾在电视节目中对其母校哥伦比亚大学商学院（Columbia Business School）的MBA学生说，他愿意为听众中的任何一位学生提供10万美元的种子资金，只要这个人能够以其未来收益的10%作为回报。接着，他又增加了赌注，如果这个人能证明自己具备他所谓的公开演讲或沟通能力，或愿意投资于公开演讲培训，他会将种子资金提高至15万美元。巴菲特向学生们透露，他本人在职业生涯早期曾参加过戴尔·卡耐基的课程，他认为那是他做过的最好的商业投资之一。

如今，巴菲特被公认为一位杰出的沟通者，他甚至可以用孩子都能理解的语言来解释最复杂、最难懂的商业问题、金融工程和经济预测。他每年写给投资者的信因简洁、清晰、幽默和睿智而备受期待并广受赞誉。世界各地的投资者、商业领袖、企业家和金融市场都在密切关注他的一言一行。巴菲特这位活生生的传奇人物再次证明，如果你能将聪明才智与出色的沟通技巧结合起来，你就可能前途无量。

这些信息需要被大家知道，因为技术正在迅速地使我们变得愚钝，即使它为我们带来了诸多好处。它悄无声息地让我们彼此疏远，夺走了我们面对面交流的宝贵而独特的天赋。如今，我们通过电子邮件、Twitter、传真和微信来传递信息；我们玩电子游戏，看电视；我们浏览YouTube、Facebook、谷歌和网络上的各种信息。这都是我们这个时代的奇迹，但同时也让我们付出了代价。

我们越是着迷于这些了不起的技术，我们就越来越疏远，因为我们被台式电脑、笔记本电脑和平板电脑的迷人魔力所吸引。从某种意义上说，我们越来越不喜欢和别人沟通，更喜欢独处，更特立独行，而且缺少人情味。我们的孩子不停地玩手机，即使他们坐在一起，甚至相距不到半米。

我们中的很多人都不再像以前那样爱读书、喜欢社交，也不像以前那样重视口头表达能力了。即使是受过教育、拥有高学历的人，他们在写作和交谈中可能也会犯上一代人无法容忍的语法错误。我们忘记了（或不重视）一些最简单和最基本的事情，如怎样展开对话，甚至如何拼写，这对我们而言是非常危险的。例如，我最近收到了一封简短的感谢信，是一位30多岁、受过良好教育的客户写给我的，这封信中有25处语法错误和拼写错误。令人难以置信的是，这种情况并不少见。这是可以接受的吗？我们曾经珍视的谈话艺术在逐渐消亡，我们在个人层面上进行有效沟通的能力在逐渐变弱，这充分说明了我们所处时代的特征，而且最终可能会改变我们所知道的文明的本质。当然，与坐在办公室里的同事发短信确实比在走廊里跑来跑去试图做决策或解决问题更有效率，用平板电脑给客户发电子邮件也确实能省去打电话找不到人的麻烦。但这些进步和便利永远无法取代面对面沟通带来的商业价值。

我们在沟通时越依赖技术，就越有可能在经营成果和业绩上看到这种依赖需要付出的代价。

> 虽然电脑可以帮助我们经营公司，但它们永远无法完成真正的交易、吸引投资者、说服管理层、招揽和留住新客户，也无法管理我们的员工。

在企业中，如果管理层没有互动、表达、说服或招募的能力，可能就会产生直接或潜在的致命后果。随着时间的推移，这种综合效应

领导者演讲力
The New Articulate Executive

最终可能导致企业丧失竞争力，并对盈利产生负面影响。在个人和职业生涯层面，那些天资聪颖、有才华却缺乏这些能力的人可能会到处碰壁。这种短板可能会让人颓废，甚至无法重新振作起来。

如果领导力在商界中被视为一项资产，那么那些没有能力销售产品或服务、管理团队、有效开会、寻找合作伙伴、说服投资者、激励员工、协调团队成员工作或吸引重要受众的人会被人们视为根本没有领导力。这意味着，就算你有一个好点子，你也可能无法让它变现；就算你有一个愿景，也可能没有人愿意听；就算你有一个策略，也可能没有人执行。如果没有人愿意拿走我们拥有的东西，那么拥有它对我们有什么好处呢？

沃伦·巴菲特告诉我们，当任何商品（如资产或股票）被认为正在贬值时，正是聪明的投资者逆势而动来寻找价值的时刻。他当年收购伯灵顿北方圣太菲铁路运输公司（Burlington Northern & Santa Fe Railway）就是逆势而为。以他作为优胜投资者的经验来衡量，他可能会再次大赚一笔。具有讽刺意味的是，在商界，领导者的沟通能力实际上也是一种正在增值的可盈利资产，因为它正在成为一种稀有商品。

卓越的商业沟通能力应该与卓越的商业业绩一样，成为评价领导者的常用规则。许多商业领袖都会告诉你，在成功的企业中，沟通是一种绩效。那些说话行事有领导者风范的人将被视为领导者。对任何职业而言，这都是一件好事。

第1章 领导者的沟通：秘密武器

与商人不同，政客们早就明白沟通能力的价值。实际上，语言能力是他们的全部资本。如果有人质疑语言在成就伟大事业方面的力量，那就请他看看巴拉克·奥巴马创造的奇迹吧！曾经默默无闻的他，却能够在美国经济衰退的大环境中成为第一位非裔美国总统。

在得知奥巴马当选后，数百万美国人立即意识到这是一件好事。大多数人说之所以把票投给他，主要是因为他有非凡的能力来表达他的愿景、展现他的聪明才智、清晰地定义问题和给出解决方案、化繁为简、理性地探讨所有问题、进行有智慧的对话、与大众产生共鸣、争取获得广泛的支持、获得忠实的追随者、正确把握大众的情绪、赢得独立人士和共和党人的支持、启发无知的人，以及以冷静的头脑讨论具有挑战性的危机。换句话说，奥巴马在整个国家迫切需要领导的关键时刻，将自己定位为一位有能力的领导者。这不是靠短信、电子邮件和Twitter就能做到的事情（尽管正如我们之前提到的，奥巴马是美国第一位利用YouTube和Twitter来影响数百万选民，尤其是年轻选民的总统候选人）。

商人也许应该借鉴政客的经验。可问题是，你能随时走进任何一个房间，让事情发生吗？当人们在私人办公室、董事会会议室、走廊或礼堂，甚至在高尔夫球场面对面交谈时，好事就会发生。例如，交易达成了，决定做好了，障碍消除了。不管是什么工作，总之都做好了。

这就是为什么现在比以往任何时候都更需要利用领导者的沟通能力为任何商业提案或交易带来巨大的附加值。这可能是你做过的最好的商业投资，沃伦·巴菲特肯定也会表示赞同。这就是这本书的全部内容。

第 2 章

领导者应具备的 3C 超强能力

如果你正在经营一家公司或者想要领导一个组织，却无法与人们沟通，那么你可能没有任何优势，这只会给你带来麻烦。

很少有商业领袖能比苹果公司首席执行官、《财富》(Fortune)杂志评选的十年最佳首席执行官史蒂夫·乔布斯（Steve Jobs）更懂得如何经营公司。他知道如何激励员工、吸引投资者、向媒体介绍他的理念、争取盟友和秘密地建立起合作伙伴关系，他对这一切驾轻就熟。2005 年，他在斯坦福大学毕业典礼上的演讲引起了整整一代美国人的共鸣。时至今日，这个演讲仍被人们称为有史以来最伟大的毕业典礼演讲之一。

他的演讲是人生的一堂课，是一个关于发现、激情、视野、死亡、救赎和存在意义的故事，所有这些都是通过三个简单的故事展现出来的。演讲开始没多久，在座的每一位听众几乎都能够意识到乔布斯在与他们分享一种神奇的体验,一种他们从未听说过的体验。最后,乔布斯以"求知若饥,虚心若愚"作为结语,听众中爆发出一阵欢呼声和掌声,久久不能平静。从某种意义上说,这种欢呼声和掌声从未停止过。他的演讲如此非同寻常的一个原因是它是如此特别:乔布斯是个特例。对每一份工作而言,都有人不知道如何发挥他们的潜力。

超强能力

乔布斯和其他一些杰出的商业领袖都具备我所说的超强能力,这种能力主要体现为以下三个 C。

- 能力(competence)。你擅长你所做的事情吗?
- 清晰的思维(clarity)。你是否有远见?你是否清楚未来的发展趋势?
- 沟通(communication)。这是最关键的。你能与重要受众建立联系吗?你能更进一步并让梦想成为现实吗?你能让事情发生吗?

能力和清晰的思维不会成就卓越的商业领袖,甚至不会成就卓越,你还需要第三个支撑——沟通。但显而易见的是,很多人都缺少这个重要部分的支撑,这着实令人伤感。事实上,很多商业领袖都缺乏沟通技巧,甚至他的整个团队都会出现这种情况。这个问题太普遍了,那些初出茅庐的毕业生在参加第一次面试时就已经暴露出这个问题了。

领导者演讲力

The New Articulate Executive

> 超强能力定义了一位好的管理者和一位伟大的领导者之间的区别。

调查结果显示，超过一半的求职者会因为缺乏口头沟通能力而被拒绝。如果这些人都碰壁了（他们很可能永远不知道根本原因），很难想象因为同样的原因而失败的演讲浪费了人们多少精力。如果全世界一半以上的推介、演示、演讲、讲座都会因沟通不畅而失败，那我们该怎么办？

就算这个数字减少一半又能怎样？生产效率还是会大幅下降，机会还是会大幅减少。任何想要认真对待自己的工作或公司的人都必须知道如何沟通。

我的一位朋友在一家规模中等的公司工作，他接到了要为一项新业务做介绍的任务，但他直到最后一分钟才开始准备。他整理了一些演示文稿、讲义和图片等，匆匆做了笔记，然后冲到机场，赶飞机去往潜在客户所在的城市。毫无疑问，他的演示并没有他希望的那样顺利。订单被竞争对手抢走了，公司的损失超过6500万美元。

当我听到这样的故事时，似乎总想问一问：真正的生产效率的本质是什么？是每天伏案努力工作（这种劳动的长期回报几乎无法衡量）更有效率，还是留出更多时间（也许是一两天）来充分计划、准备和练习一次演示（对你的公司而言，仅用一天时间进行的演示可能比公司整个生命周期的所有成果都更有价值）更有效率？我们经常希望通过提高业务能力来获得更高的质量和效率以及更快的速度，但我们为什么不考虑通过提高沟通能力来实现这些目标呢？我们中的大多数人在职业生涯中都没有意识到，我们实际上在传达这样一个信息：别人对我们的看法可以决定我们取得多大成功。

> 事实上，你在正确的听众面前演讲三分钟抵得上你在办公桌旁辛苦工作一年。智力、天赋和努力本身并不能保证成功。要想成功，你还需要掌握说话的艺术。

所以这一切都归结于我们的学识和选择。是我们自己决定了我们在商业和生活中的成功。了解沟通的价值并给予自己力量取决于我们自己（因为我们知道没有其他人会为我们做这件事）。你可以选择对游戏规则视而不见，看着机会白白溜走；你也可以选择掌握它，从而获得你从未想过的回报。

如果你选择获得回报，那就请你做好准备吧。

第3章

演讲的第一要素：了解你的听众

据说，大律师梅尔文·贝利（Melvin Belli）和 F. 李·贝利（F. Lee Bailey）几乎可以说服任何陪审团相信一个有罪的人是无辜的，一个无辜的人是有罪的。葛培理（Billy Graham）牧师曾经向全世界布道，并声称他的布道彻底改变了数百万人的生活。如今，他的儿子葛法兰（Franklin Graham）也这样声称。如果你有话要说并且说得很好，世界就会倾听。

首先，你必须了解人。你了解了人，你就能知道人的需求；你确定了人的需求，才可以分析人的心理和思维。实际上，我在这里谈到了两种思维：一是意识，它就像鱼一样，整天在智力活动的水池中快乐地游来游去；二是原始思维，它潜伏在深不见底的黑暗深处。原始思维让人想起了狩猎、穴居、闪烁的火光，或许还有幼年时期的暴力死亡。

这是两种不同的存在。猜猜你应该与哪一个对话？

如果你的答案是原始思维，那么恭喜你答对了。因为原始思维支配着我们的希望和恐惧、我们的爱和恨以及我们的内心。它就像一只缄默的野兽，试图在空气中嗅出血腥的味道。它也是一只母狼，竭尽全力并温柔地呵护和哺乳它的幼崽。它对直觉做出反应。它感知事物，寻找重要的线索和信号。它受我们最基本的需求（性、安全、创造力、权力、工作、爱、希望、食物、恐惧和满足感）的驱动。它想要被认可，希望获得安全感。它可以像玫瑰一样去享受阳光，也可以像受惊的蛤蜊一样将自己深埋在泥土中。

向心而行，心就会跟着你走。

这就是我们要面对的思维。这个家伙听不进我们的数据、论点和诉求，对我们理智的沉着不感兴趣，也不在乎我们是聪明还是愚蠢。然而，无论我们知不知道或者喜不喜欢，它实际上都为我们做了大多数重要的决定，并让我们的意识无处栖身。

他是会对温暖感受和极度厌恶采取行动的人；他是我们每个人内心深处不可知的能真正做自己的人；他是踢踢轮胎就决定买新车的人；他是边走进门边说"就是它了"，然后就决定买下新房子的人；他是在和一个人握手之后马上就知道这个人可以胜任新工作的人。换句话说，他是做出了所有重要决定，并管理着我们的生活的人。他一旦下定决心，就不会再回头。他说完"这是我的决定"就会退回到黑暗的深处,并提醒理智的大脑想出一系列方法来证明该决定是合理的。

这就是为什么他才是我们真正想与之对话的人。当他坐在听众席上的时候,我们只能通过以下两种方式让他了解我们:

- 我们自己猜(他喜欢我吗);
- 直接诉诸情感(能够触动他心灵或情绪的故事和轶事)。

了解听众最基本的需求

优秀的演讲者总是能抓住机会来吸引我们的注意力和满足我们最深切的需要。广告人比大多数人都更了解这个原则。正如有人曾这样写道:

> 他们卖的不是香水,而是爱情;
> 他们卖的不是车,而是刺激;
> 他们卖的不是牛仔裤,而是冒险;
> 他们卖的不是香烟,而是自由。

在企业中工作的人不仅仅要制订战略计划、提出预算建议或编写季度报告,还要兜售信心、幸福感和善意。换句话说,他们永远在推销自己。为了获得听众的支持,他们必须努力了解听众最基本的需求。

每位听众都会默默地问:"这对我有什么用?"利润分红、安全感、学到知识、晋升机会、被认可、变得富有、获得满足感，还是智力或精神上的成长？请你试着回答这个问题，然后围绕听众最基本的需求制定达成你的目标的方法。历史上有很多人都会这样做。

诚实的重要性

如果听众是一个守门人——他总是在某个地方徘徊，他的手指就放在"拒绝"按钮上，时刻准备按下去——那我们应如何让他喜欢我们呢？

千万不要担心你自己没有魅力。魅力不是问题；在商界，讨人喜欢才是你需要关注的。讨人喜欢并不取决于魅力。事实上，两者之间通常没有相关性。我所说的在商界中讨人喜欢指的是，在人们购买你的创意之前，我们必须通过关键的筛选和检查。要想讨人喜欢，你首先要诚实。

因此，试着放松下来，真诚、诚实地对待你的听众将是一个很好的开始。人们希望我们在舞台上或会议桌上的表现与我们私下或在走廊里与他们聊天时没什么不同。史蒂夫·乔布斯深谙这一点。

问问自己，人们对你的哪些表现有反应？你的坦率，你的幽默，你的坦白，你的体贴，你的温柔，你的洞察力，你的激情？这些都是真实且可靠的资产。无论你拥有什么资产，你都一定要充分利用它们。这一切终将归结于做你自己。

做自己的最好方法就是参加我所谓的酒吧谈话。我并不是建议你表现得像个酒鬼,而只是建议你想象自己正身处与朋友一起在酒吧里喝啤酒的舒适环境中,并想象试图说服他们以你的方式来看待某个特定的问题或想法。如果你不想这样做,就请不要假装好像你确实这样做了。

> 在人们购买你的服务或产品之前,必须先让他们相信你。

如果你能够忘记自己的表现,并且只关注自己在说什么,那么你永远都不会认为自己必须在任何听众面前扮演想象中的某个角色。要对你传递的信息有信心;要对你的知识储备有信心;要对你自己有信心。

今天,每个人都渴望真实,注意,我说的是每个人。在伯纳德·麦道夫(Bernard Madoff)的金融骗局以及华尔街和众多企业的对冲基金丑闻、道德缺失、长期的不正当行为和普遍的不良行为被揭露之后,坦诚、开放和诚实比以往任何时候都更为珍贵。史蒂夫·乔布斯也明白这一点。他早于麦道夫明白这一点,这可以追溯至他在其父母位于美国加利福尼亚州的家的车库里组装出第一台电脑,并准备一展宏图的时候。

如果在某些情况下你不能或无法诚实面对听众,他们可能就会发现这一点。在你的职业生涯中,有时你可能会发现自己处于这种妥协的境地。但是别担心,你还有补救的机会,正如我们将在后面的章节

第3章 演讲的第一要素：了解你的听众

中讲到的那样。

有一点你必须要记住：你不是在做演讲。演讲不会拉近我们的距离，只会让我们变得更疏远（我将在本书中无数次提到"演讲"，因为我必须用这个词来明确某些意思。但是当你看到"演讲"时，你也可以理解为"对话"）。没有人想听演讲，但我们都欢迎愉快的对话，尽管大部分时间都是你在说。

史蒂夫·乔布斯不做演讲，即使在演讲的时候。他总是在与听众对话，总是有话要说。他说话的时候毫不掩饰，给人的印象是真情流露，所以人们愿意倾听并记住他说过的话。对投资者、客户、员工和行业媒体等重要听众而言，这是一笔巨大的商业资产。

演讲和对话有着天壤之别，就像童话故事中的丑小鸭和优雅的白天鹅一样。对话的诀窍在于将丑小鸭变成白天鹅。因此，你需要放弃"演讲是可取的"这个有缺陷的观点，并将演讲彻底忘掉（很快你就能知道如何做到这一点）。

> 伪装成对话的演讲总是能拉近你与听众的距离。离听众越近，演讲就越可能获得成功。

你表现得越自然、越真实，即使是持怀疑态度的听众也可能会对你产生好感。对那些总是保持戒备心的听众而言，只要你表现出一点善意，不要让他觉得你完全没有准备、怕得要死或是谎话连篇，他很可能就会接受你。

017

史蒂夫·乔布斯总是有备而来,他对自己和传达的信息都充满自信,而且人们每次都有收获。

冲刺

接下来,我们该如何迂回前进并直奔主题呢?那就是直接面对出现的问题。那么,问题是什么?痛苦、沮丧、愤怒和不满的根源是什么?你发现问题了吗?你找到解决方案了吗?听众的需求是什么?确定了需求,你就有了立场;有了立场,你就可以提供答案;提供了答案,你就可以寻求听众的支持;需求到支持,你就可以引导听众了。

伟大的领导者有时能够引导人们独立思考。例如,假设你为一家大型纺织公司经营着一家毛毯厂。整个毛毯行业都不景气,纺织公司也经营惨淡。你心里很清楚,即使你使出浑身解数,也难以改变工厂走下坡路的现状。你该怎么做?

这正是鲍勃·戴尔(Bob Dale)发现自己所处的困境,后来他成了美国家纺公司菲德克瑞斯(Fieldcrest)的总裁。早在授权成为一种流行的管理策略之前,鲍勃就凭直觉将公司的问题交给工厂车间的工人,让他们帮忙解决。

他会这样说:"我们遇到问题了。我们现在在一条船上。你们了解这些机器,都擅长自己的工作。我希望你们可以齐心协力,一起开动脑筋,发挥你们的聪明才智,展现你们的创造力,帮助我们摆脱困境。"

工人们从来没有听过老板这样对他们说话。他们满怀激情地去工作，很快就研发出了一款全新的毯子。这种毯子比当时市场上的任何其他产品都更厚、更柔软，因为他们应用了新的编织技术和纺织技术。新产品一上市就很畅销，工厂和工作总算都保住了。

并非每个故事都皆大欢喜。世事并非一帆风顺，有时我们需要向那些深陷痛苦而不可自拔的人解释痛苦为何存在。

例如，如果你是一家正在裁员的公司的老板，你可以通过谈论工作保障、公司的稳定性、未来机会、团队合作和共同目标来帮助留下来的人平息恐惧。而对于那些必须离开的人，你可以提供一些关于推荐、再就业、退休选择和离职补偿的信息，并真诚、坦率地说明为什么裁员。即使你的听众将你看成问题的一部分，你至少也要成为他们心中正直、敢于当面说出真相的人。

我的一位客户发现他所在的公司恶意收购了另一家公司，上千人要被遣散。他在宣布这个消息的时候没有使用提前准备好的演讲稿。员工们有不同的文化背景，他们都焦躁不安。

他本应该照着PPT讲一讲公司的财务状况以及所有事情，但他没有这么做，而是讲了一个故事。他说，他一想到未来几周不得不在两家公司中解雇一些同事就会失眠。有一次，他的儿子发现他一个人坐在黑暗中。男孩第一次见到他如此脆弱，所以非常担心，就把手搭在他的肩膀上说："没事，爸爸，一切都会好起来的，一定会没事的——我知道要不是万不得已，您一定不会这样做。"

然后，男孩也向他说出了自己失眠的原因。就在那天，他五年级时最好的朋友从三楼的窗户掉了下来，离开了他。男孩平静地谈论着他的朋友以及他的震惊和失落，说他还不能完全理解那位朋友已经永远地离开了。最后，男孩说："他连命都没了，至少你们公司的人还活着。"

"就在那一刻，"这位父亲对员工们说，"我知道自己有话要说。我对我现在必须要做的事感到遗憾，但我，至少从情感上来说，能够正确地看待这个问题。我想要说的是，无论是留下来的人，还是没能留下来的人，我们都有一个美好的未来。对我们这些留下来的人而言，前途会更加光明；而对没能留下来的人而言，我们希望这里是一个跳板，能帮助你们找到更好的机会。"

这个故事感动了在场的每一位员工，原因是它触动了他们的情感，唤醒了他们对自己基本需求的认知，并且成了他们感同身受的生活经历。最重要的是，它表明与他们说话的人是一个有血有肉的人，这有助于化解收购之后一些挥之不去的焦虑感。

第4章

你想成为领头羊还是工蜂

亚历克斯从7岁起就有一个梦想,他希望在自己20岁之前创建一家电子游戏公司。他做到了。大学二年级时,亚历克斯就辍学了,开始与一位同学一起创业。他们从家人和朋友那里筹到了一些钱,并创建了一家电子游戏公司,开辟了一个利基市场。对亚历克斯而言,工作就是玩,玩就是工作。他每天工作18个小时,而且很少有休息时间。在他24岁时,他以1.68亿美元的价格卖掉了这家公司。凭借他的远见卓识和激情,亚历克斯轻松地得到了支持。两年后,尽管面临着可怕的经济衰退,但他已经第二次成功创业,这次是为社交媒体创建一个新的平台。

山姆,38岁,未婚,拥有MBA和环境科学博士学位。他曾经为亚历克斯工作,担任财务总监助理。他喜欢自己的工作,也喜欢将所有的业余时间都花在背包旅行、攀岩、皮划艇和滑雪上。对他而言，工作为他的生活提供了保障，并且让他有机会做自己真正喜欢的事。他不想管理任何人和任何事。他的优先事项很明确，而且他很开心。在亚历克斯卖掉公司以后，他在另一家公司找了一份类似的工作。他仍然很快乐。

并不是每个人生来就能成为像亚历克斯那样的领导者，但几乎每个人都可以学习如何成为他那样的人。如果你想成为领导者，那么你也可以走到所有人的前面，只需要按照一些有助于实现这个目标的方法练习。

> 你是变革的推动者和有远见的人，你将创造新的行业，帮助人们度过艰难时期，并为他们不断进步和收获成功的未来铺平道路。你是潜在的领头羊。你甚至可能成为变革型领导者或领先领导者。

如果你像山姆一样，出于多种原因不想成为领导者，那也没什么不好的。没有你，生意不会停滞不前，整个国家不会停止运转。你是工蜂，满足于自己的工作角色，领薪水，享受你的假期。

但如果你是潜在的领头羊，也就是愿意接受挑战、风险和回报，或者敢想敢做的人，你就需要了解如何将自己定位为领导者。正如我所说，仅凭头脑和才能并不一定能成功。

如果我必须在最短的时间内为未来的商业领袖提出最好的建议，

那么我会告诉他们以下几点。

第一，了解你是谁和你真正想要什么。你是领头羊还是工蜂？选一个，并对你的选择感到满意（如果你正在阅读本书，你很可能就是潜在的领头羊）。

第二，你有远见吗？领导者需要有远见。正如比尔·盖茨所说，他们需要看清前方的道路，需要知道如何走下去。他们还需要知道如何为其他人将遵循的愿景制定路线图。如果他们表述不清楚，就不能成为领导者。

第三，你有能力与其他潜在的领头羊同台竞争吗？你有投入更高的赌注并坚持到底的承诺吗？

要是能通过这个小测验，你就是一个玩家。但要成为赢家，你必须了解某些事实。

首先，我要告诉你的是，工蜂应用的是信息，而领头羊应用的是知识。例如，车间工人会说他一天组装了多少台设备；而团队或部门领导将收集这些信息以创建一个知识库，并探索可能改变游戏的因素，如改进的制造技术、产品研发和潜在的新市场。

领导者明白，想法和行动之间有很大的差距。美国前总统约翰·肯尼迪（John Kennedy）曾经抱怨说，即使作为总统，他也很难做到事事成功。所以，领导者知道他们不能坐以待毙。如果他们期望采取行动，他们就必须弥补差距。

> 领导者知道，他们推销的常常不只是他们的想法，还有他们的公司和他们自己。伟大的领导者会建立自己的圈子，传递让每个人都自愿追随他的信息。乔布斯、比尔·盖茨、沃伦·巴菲特等人在这些方面都做得很好，他们实际上变成了公司和品牌，最终还变成了愿景本身。

我还想告诉你的是，如果你打算在一家企业或一项活动中领导人们，首先你必须赢得人心。赢得了他们的心，他们的思维也会跟着你走。

为此，最优秀的领导者通常都具备很好的沟通能力。除此之外，他们还有以下共同点。

- 他们明白，要把事情做好，他们就必须掌控好所有阶段，控制好会议室的氛围，说服所有听众，以获得广泛的合作和支持。
- 了解并认同其员工、客户、管理层、合作伙伴和投资者的需求。正如美国前总统奥巴马所说，他们和我们说的是同一种语言。
- 认识到转型和成功不仅仅取决于技术或创新，最终还取决于领导者自身。
- 找机会走出办公室，去车间转一转，去参与面试，去参加行业会议，以获得更多的合作伙伴。人脉越广，影响越大，机会也越多。

接下来，让我们看看如何将这些原则付诸实践。

2

化繁为简，打造完美的演讲

The New Articulate Executive

第 5 章

演讲的七个陷阱

几年前,某大公司的一位副总裁花了整整一个月的时间准备向董事长做的第一次重要汇报。在这 30 天里,他将全部的时间和精力都花在做一些他不太确定该如何做的事情上。

重要的日子终于到来了。为期两天的会议就像马拉松比赛一样漫长。当时已经是会议的第二天,时间是星期五的下午 4:50。由于他满脑子想的都是这一重要时刻,想着他这一个月的努力马上要派上用场了,以至于他未能正确地判断会议室里的气氛。例如,他没有注意到一些高管已经不耐烦了,总是在看手表。他的演讲需要 40 多分钟,但开场白并没有给大家留下深刻的印象,而且董事长还打断他,要求他加快速度并直接说重点(因为有些人要赶飞机)。即便如此,他仍然固执地按原计划行事。显然,他害怕失败,一直想着准备好的内容而没有灵活应变,以至于他似乎没有听到董事长的提醒。

与此同时，难以掩饰的不耐烦充斥着整个会议室。很快，就连这位倒霉的副总裁也看得出来场面快要失控了。10分钟过去了，他显然还没有说到重点，董事长响铃示意结束会议。会议结束了，演讲结束了，这位副总裁在这家公司的职业生涯也结束了。

七个陷阱

这个故事告诉我们，在一个充满变化、一寸光阴一寸金的世界中，我们需要灵活性，甚至是一种全新的方法。有以下几个因素共同导致了副总裁的悲惨境遇。

1. 他的演讲设计不当。只需要将顺序颠倒过来，他就不会遇到这些问题。换句话说，他应该从结论开始，毕竟这才是听众想听的，但他没有这样做。

2. 40分钟的时间太长了。18分钟足够，再加上22分钟的问答环节，这样会更好。

3. 他使用了太多的视觉辅助工具。不仅如此，他选错了，也用错了。

4. 他试图说太多。

5. 他允许演讲主导一切，甚至主导了他自己。他没有考虑到全局，没想好要传递什么信息、讲哪些要点，而只是试图讲述太多细节。我觉得这就像试图要将大象塞进高尔夫球袋里。演讲令他晕头转向，当然也会令他的听众晕头转向。

6. 最重要的是，他没有主题，没有一周之后还能让人们想起来的关键信息。

7. 尽管他做了很多准备，但他对自己的演讲缺乏信心，让听众们觉得他紧张且不自在。

虽然他尽了自己最大的努力，但他还是失败了。他没有抓住机会，而是掉进了一系列常见的陷阱，结果毁了他自己。也许他只需了解本书中介绍的一些简单的指导方针，他就不会失败了。

第6章

简化演讲内容，让听众听得懂

一家市值为110亿美元的大型制造公司的运营部门主管曾经致电我说，他们的主要竞争对手——一家大型飞机发动机生产商，一直在和他们抢生意；对手的市场份额为85%，而他们的市场份额仅为15%。显然，他们遇到了问题。他们想邀请我过去看看他们向客户介绍业务的方式是否需要改进。

于是，我飞到客户那里，旁听了几场重要的演讲，最后对一个明显的悖论感到震惊：这些聪明能干的高管和部门主管以及才华横溢的工程师的演讲能力为何如此差？我想出了一长串我认为可能有助于扭转局面的方法。在得到了领导批准后，我就开始工作了。

在接下来的几个月里，我分别会见了几组管理人员（每组不超过六个人，以确保质量），每组用三天时间。我请他们观看他们以前的演讲视频，并通过一系列步骤引导他们改进他们的思维方式、重点、步骤、计划过程、态度和目标以及其他需要改进的方面。我们就他们想要传递的商业信息达成了共识，删掉了大部分幻灯片，缩短了演讲时间，练习了基本的演讲技巧，重新设计了保留下来的视觉辅助文件，加入了轶事证据，引入了对话风格，学会了快速切入主题、自信地结尾等技巧。然后，高管让这些管理人员重新回到工作岗位，去实践他们所学的内容。

18个月以后，他们和竞争对手的市场份额几乎完全逆转。我并不认为这种逆转完全是我的功劳，这家公司的产品本身是很好的，他们能够在降低成本的同时保证质量，而且管理层也在正确的时间采取了正确的行动。锦上添花的是，领导销售和客服团队的36位高级工程师现在在介绍他们自己、他们的产品和服务、他们的公司、他们的专业性甚至行业时都变得更加灵活和有效。

我认为，我们在上述案例中取得成功的部分原因是我们尽量简化了演讲的内容，便于听众理解和记忆。我们的目标一直都是简洁、经济、有影响力和重点突出。

你会翻译吗

无论你的演讲是简洁流畅，还是有很多不必要的数字和统计数据，对听众而言，你的首要任务都是担任翻译。这是优秀的演讲者带给听众的额外价值。翻译也是推动"火箭"的引擎（我们稍后会详细讨论），能够将其送达目的地。

翻译能够为普通听众解密。例如，演讲者最好要用简单的概念和通俗易懂的语言向土木工程师等听众来解释并购交易的复杂性。翻译应该仔细强调每一个步骤、解释原因、不做任何假设，并通过不断地向自己提出问题（如"如果我是听众，我能听懂吗"）来判断听众的理解程度。

例如，当助理副总裁向高管做汇报时，与其进行一次传统的演讲，不如选择一些合乎逻辑的步骤并采用特定的观点。这将增加演讲的价值，因为现在他不是简单地展示事实和数据，而是基于这些数据和事实提出具体的战略建议。这样做不仅对管理层有帮助，而且可以将演讲者塑造成一个潜在的未来领导者。

善用语言技巧

我的一位高管朋友最近抱怨说，他原本打算聘请的一位管理顾问做了一次看起来不仅内容空洞，而且毫无意义的演讲。他感到窒息，因为那位顾问的 PPT 中挤满了无数难以理解的统计数据。他说他被数据轰炸了三个小时，饱受折磨，而且他觉得自己很愚蠢，因为他完全听不懂这个人想说什么。

我向我的朋友保证，问题不在于他，而在于那位管理顾问（你可能想象得到，他没有得到那份工作）。要么是因为无知，要么是因为纯粹想要小聪明，这位顾问用大量未必相关的事实吓到了我的朋友，也许他想要用"神秘"的知识来掩饰自己能力的缺乏。

如果这位顾问是一位优秀的翻译，能够在 18 分钟或更短的时间（见第 9 章）内讲述一个关于这些数字对其潜在客户有何帮助的故事，我猜他就会得到这份工作。由此可见，只有做好翻译，你才可能成功，才可能见证你的客户成功。

放弃数据轰炸

事实上，正如我们在上述例子中看到的，大多数人都会对无穷无尽的信息感到厌烦。动不动就抛出数据的演讲者往往被认为是傲慢和自私的，因为他们把所有麻烦事都丢给了听众。大多数听众都讨厌要绞尽脑汁才能理解演讲者的话，这也合情合理，一般来说，我们可能不需要了解那么多。这有点像用猎枪打谷仓——希望子弹能以某种方式找到它们的目标。

相比之下，当你能花时间去了解听众的需求、直接说出他们的需求并放弃数据轰炸时，他们可能会对你感激不尽。突然之间，海量数据可能会神奇地变成几组数字、几张图表以及一条简单的信息。你要做的只是了解听众的需求。

例如，在我的专业领域中，我可能会通过提出以下问题来尝试了解需求：如果员工、客户和股东没有听懂我们尝试告诉他们的内容，那么我们有什么好处呢？管理者可能会问下属：我们为什么会失败？我们需要做些什么才能扭转局面？解决方案是什么？销售人员可能会问客户：我们需要做些什么来更好地为您服务？我们如何改进流程和服务并提高响应能力？我们是否超出了您的预期？

一旦你知道了听众的需求，你就知道该说什么了；一旦你知道该说什么，你就有了自己的立场；一旦你有了自己的立场，你就会让自

领导者演讲力
The New Articulate Executive

己从其他演讲者中脱颖而出,即使你可能觉得自己并不是一位优秀的演讲者。

例如,施乐(Xerox)公司的前首席执行官大卫·卡恩斯(David Kearns)看到了听众对更好的教育的需求。于是,他的每一次商业演讲都会围绕这个简单的主题。他被称为教育首席执行官。他清楚地知道自己的立场,所以他无论说什么,都会想方设法地去强调这个主题,即为了经济、为了国家、为了全世界,我们必须加快美国的基础教育进程。

巴拉克·奥巴马意识到了美国迫切需要新的领导层,并成功地将自己定位于满足这一需求。凭借不同寻常的语言技巧(政治家们也为其折服),他将自己塑造成一位特立独行的思想家,充分利用他在华盛顿没有经验的优势,说服数百万犹豫不决的选民相信,只有他能够带领美国度过一系列危机(从两场未结束的战争到处于崩溃边缘的经济)。

比尔·克林顿的第一次竞选活动可以归结为一句话:"问题在经济。"他的竞选之路并不容易。首先,他必须向美国人民解释他们面临的问题究竟是什么、它是如何出现的、为什么必须解决它,以及如何解决它。克林顿了解了每一位听众的需求,并很有逻辑地阐明了自己的观点。相比之下,他的对手乔治·H. 布什(George H. Bush)没有以同样的方式谈论经济,他公开表示这个问题根本就不存在,还说就算问题存在,它也会自行解决的。

> 如果你能很好地解释你行为背后的必要性和逻辑，人们可能就会乖乖听话，即使是增加税收。

由此可见，在你演讲时，即使是例行公事，如汇报季度工作情况，你也要有自己的方法。你可以先试着发现需求，然后解释如何满足这个需求。在商务洽谈中，你需要留意变化、趋势或发展。这些变化是否代表着新的需求？满足这些需求并吸引听众的最佳方式是什么？

例如，为什么要促销？是经济问题，还是我们在生产效率、制造、研发、质量控制、分销或以上方面都出了问题？你需要为上述问题找到解决方案。如果你能有逻辑地说服听众，使他们以你的方式来看待问题并采取行动解决问题时，你就抢占了先机。

你现在看起来越来越像领导者了。

决定效率的关键问题

要想成为一位玩家，你就需要学会评估、说明、翻译和预测（稍后我们将详细介绍预测）。

翻译可以使信息转变为知识。要想有效地翻译，你就必须问自己以下几个问题。

- 这到底是什么意思？

- 为什么这很重要？
- 我到底应该说什么？
- 重点是什么？
- 有什么需要补充的吗？
- 所有人都能理解我说的话吗？
- 我使用的例子合适吗？
- 谁会真正在乎我说的话？

如果你无法回答上述这些问题，那么你就是在伤害你自己和你的听众。

更糟糕的是，如果你无法回答这些问题，你可能就会说一些听众听不懂的话，扔给他们大量的数据垃圾。如果你这样做，那就太可耻了。

> 一位优秀的翻译就像一位优秀的外科医生，可以用一双巧手切除有隐患的组织，而且每一刀都精准无误、恰到好处。

4A 原则

如果问题问对了，真相自然就会浮出水面，你可能会看到以前没有看到的情况和趋势。你会强迫自己变得果断，找到阻力最小的方法。每条信息都会讲述一个小故事，而这个小故事又是大故事的一部分。你需要编排重要的细节，并用对地方。你可以参考以下方式行事。

- 收集（assemble）——收集相关数据。
- 保持一致（align）——确保所有事实都保持一致。
- 应用（apply）——解释这些事实共同讲了一个什么故事。
- 赋予价值（assign）——预测下一步，并赋予你的信息价值。也就是说，在你获取信息并了解其内涵之后，你可以基于这些信息预测未来有可能发生的事情，然后针对预测提出当下我们应该做什么，这样你就为整个假设带来了价值。

做完这些事情后，你可能已经准备好一展身手了。

第 7 章

决定演讲成败的 POWER 公式

演讲最容易被忽视的就是准备环节,主要有以下两个原因:(1)准备演讲需要花费大量时间,大忙人们往往宁愿冒险"即兴演讲",也不愿花时间在一些他们觉得可能费力不讨好的事情上;(2)他们根本就不知道如何整理信息。准备工作可能会很无聊,而且并非总是富有成效的。

但是,如果有人能为那些大忙人们提供一种快速、简单的方法来巧妙地整合他们的想法,让他们始终保持高效,他们可能就会投入更多的时间和精力来换取更大的回报。例如,如果你每次都可以遵循基本相同的思路,在演讲时间缩短一半的情况下使效果更好,那又何乐而不为呢?如果你再也不必花两周或一个月的时间来为一次重要的发言或演讲做准备,难道不好吗?

想想看,如果我们能确定每位听众第一次就能或者每次都能正确理解我们说的话，并且在离开时都能够通过关于我们所说内容的小测验，那不是很好吗？甚至他们可能在一个月或六个月后还能记得我们说的话，这难道不好吗？

在设计你的演讲时，你只需要谨记以下五个关键要素，就可以享受这些巨大的回报：开头引人入胜；主题明确；使用恰到好处的例子；对话式语言；结尾令人印象深刻。

它们是构成完美演讲的关键组成部分。只要你想进行完美的演讲，你就能做到。

你可以将这五个要素想象成一颗橡子，并将这颗橡子种在你的大脑里，看着它发芽并长成一棵橡树。对忙碌的高管们而言，这棵橡树就是决定其演讲成败的 POWER 公式。换句话说，POWER 公式就像是你的大脑的工具箱，它可以用来修复故障，并完善功能。只要你有机会发言，你就应该带上这个工具箱。

P 代表迅速出击：开头引人入胜

当你开始你的演讲或发言时，你的开头不一定要特别有趣，也不一定要让听众觉得你很睿智，但是绝对不能听起来很无聊。为了确保给听众留下好印象，你一定要快速进入状态。另外，为了吸引听众的注意力，你必须迅速出击。我们前面已经讨论过，从哲学角度来看，听众需要一个引人入胜的开头。

以下是八种使开头引人入胜的具体方法。

1. 从结论开始。 换句话说，结论先行。从包含你想要传递的信息的结论开始。结尾变成开头，开头即是结尾，开头和结尾融为一体。

这可能是开始商务演讲最有力的方式，因为它的特点是思路清晰、直截了当。以毫无商量余地的方式说出你想说的话更能说明一切。在几秒钟内就直奔主题更直截了当。在演讲开头简单地陈述结论更容易向听众传递你的信息。

如何做到直截了当可能是大多数人都会在演讲中面临的难题。未能快速切入主题可能会使台下的大忙人们失去兴趣，这对演讲者或演讲本身而言不是好兆头。我们经常发现，从开头就缺乏明确主题的演讲实际上根本就没有主题可言。

设计拙劣的演讲会让听众产生挫败感，而挫败感会导致愤怒。如果这种情况得不到改善，听众可能就会觉得他们被骗了。回想一下，我们将生命中的多少个小时、多少周、多少个月，甚至多少年的时间都花在了无效的会议和演讲上，而后来我们只记得这是在浪费时间。

如果你能将听众需要知道的一切迅速地告诉他们，你就不会浪费他们的时间了。例如，假设你是一位销售团队的领导，要向高管们汇报月度销售情况。

> 不要一开始就说："今天很高兴来到这里。接下来，我想讨论一下销售前景和……"
>
> 你应该这样开始："中国和印度是我们未来的关键市场。我们计划明年全面打开中国市场，两年后全面打开印度市场。

第 7 章 决定演讲成败的 POWER 公式

目前，我们在中国只有 2% 的市场份额，在印度只有 0.5% 的市场份额。由此可见，我们有很大的成长空间。事实上，我们计划在未来五年内占有两国 30% 的市场份额。"

这是关键信息。你只是将关键信息放在了最开始（也可以作为标题），将你的结论作为开头。

假设你的公司正面临做出某个重大决策。

不要说："今天我想谈谈战略计划的实施、审查委员会的建议，与工会讨论我们的合同义务，以及……"

你可以说："我们的选择很明确。我们要么从今天开始就做出重大的改变，以期再次成为行业第一；要么继续做我们正在做的事情，等着两年后被市场淘汰。"

火力太猛？不合适？也有可能，因此要视具体情况而定。但在我看来，直截了当、宁可被误认为高法力人士，远远好过永远成为循规蹈矩的奴隶，好过让大忙人们觉得无聊。

如果你正在向上级做汇报，而你的汇报被认为一无是处，那么你正在对上级造成伤害，而且你可能也在伤害自己，因为这最终会影响你的职位或薪酬。如果你正在向下属做报告，模糊的信息可能会让他们觉得你缺乏领导能力。所以，为了避免被指责混淆视听，请你从引人入胜的开头开始你的报告或演讲。

我的一位客户是一家大公司的董事长，他是出了名的没耐心，尤其是当他留出时间来听业务回顾和演示时。他的高管们已经从痛苦的经历中学会了直截了当。

和大家分享一个案例。一家公司（市值30亿美元）的副总裁为了做好他的第一次季度汇报，花了几天的时间来研究成堆的数据、精心制作幻灯片、反复打磨要讲的内容、添加和删减信息、修改和编辑文字，他几乎要把自己逼疯了。

但是，当这个重要的日子终于到来时，他想传递的信息被淹没在大量的数据中，他似乎永远也说不到点上。演讲结束后，听众更多的是在谈论他的演讲是多么乏味，而不是他实际上说了什么。又是一个失去了关键机会的案例，又是一场弊大于利的演讲。

2. 分享一个具有商业意义的个人故事。这并不是说你讲的内容要有趣。分享自己的故事无疑是吸引任何听众注意力的最佳、最个人化的方式之一。例如，假设你想强调全球化是你们公司未来成功的关键因素，你可以这样开始：

> 最近，我去伦敦出差的时候曾到哈罗德百货（Harrods）公司购物。我发现即使货架上摆满了商品，我也找不到我们的任何产品，无论我多么认真地去找。
>
> 相比之下，昨天我在纽约的布鲁明戴尔（Bloomingdale's）百货店购物时发现，化妆品区的展示柜台上摆满了我们的产品。
>
> 问题是伦敦的消费者想买我们的产品，而纽约的布鲁明戴尔百货店几乎空无一人，收银台也是静悄悄的。
>
> 就算你不是商学院的毕业生，你也应该看到现在正在发生

的翻天覆地的变化。

这样你就会给听众敲响警钟，让他们注意到你的公司或你所在的行业需要制定全球战略规划。

如果某家公司的营销副总裁要在行业协会的会议上发表演讲，这种开头可能就很不错。

3. 用轶事、插图或类比而不是个人故事来阐明你的观点。 你可以使用你在报纸上读到过、在收音机里听到过、在电视上看到过或别人告诉你的内容。例如，为了说明你对全球化必要性的看法，你可以这样说：

> 我昨天在报纸上读到，1/3 的美国公司正在通过海外业务获得其一半的收入，而且预计这种趋势将持续下去。
> 反观我们的行业，情况似乎正好相反。这种逆转趋势可能会给我们今天在座的各位带来麻烦。

通过利用你周围世界的信息，你阐明了自己的观点。

4. 引用别人说过的话。 引用名人说过的话可能被视为矫揉造作或想要控制别人，但有时你也可以侥幸逃脱这种看法。例如，你可以这样说：

> 托马斯·杰斐逊（Thomas Jefferson）曾经说过，美国人最大的乐趣就是拥有选择的自由……好吧，我敢肯定，如果杰斐逊今天还活着，他肯定会同意我所说的，那就是我们从未像现在这样有机会选择我们未来的机会。

我说的是等待着我们的大量机会，前提是我们要认识到公司未来的成败几乎完全取决于我们的产品在海外销售情况的好坏。

但是，你最好寻找一些最新的、更有新闻价值且与你的业务息息相关的信息。你可以引用行业领袖和政府官员说过的话、媒体发布的内容，以及专业类报纸上的文章。例如：

你如果读了昨天的《金融时报》（*Financial Times*），可能会注意到美联储主席伯南克（Bernanke）表示，我们未来能否成为世界上最伟大的经济体和最强大的国家将取决于两件事，即我们约束市场的能力和自我约束的能力。

如果他说得对，那么我们行业最好现在就行动起来，因为我们还有很多工作要做。

5. 提问。这个方法屡试不爽。提问就是为了立刻吸引听众的注意力。

有些问题，不需要真正的答案，只是为了强调。例如：

为什么每次我遇到来自亚洲或欧洲的商人时，他们都会问我美国为什么不进入全球市场？

答案是美国在全球市场中占有举足轻重的地位。问题是，尽管我们可能会这样想，但是其他国家的人似乎并不这样想……这是为什么呢？（停顿）因为我们仍然缺乏竞争力。

演讲者很快提出了一个命题：我们认为我们是全球化的，但世界上其他国家的人并不这样认为；我们认为我们可以在国际市场上竞争，但其他国家显然不这样认为。接下来，演讲如果顺利，就将围绕一个主题展开：这就是我所看到的问题，这就是我认为我们应该做的事。

6. 展望未来。世界钟爱预言家，听众也一样。请你试着对接下来可能发生的事情做一个谨慎的估计：你看到未来的变化、新情况、不同的情况了吗？虽然我们当中最谨慎的人也可能会冒险，但他们通常只会预测未来几年会发生什么，以防他们的预测被证明是大错特错的。但当今一些最成功的商业演说家和作家却将自己定位为彻头彻尾的未来主义者，他们可以预测未来 50 年，甚至是 150 年或 200 年后会发生什么，并说服你相信他们。当然，如果只是让你预测未来 20 年后会发生什么，那么你也可以很有把握，因为你的大多数听众既不会记得，也不会关心很久以前你说过什么（此外，他们可能还没到可以发表意见的年龄）。

所以，和对的听众一起找点乐子吧！人们喜欢相信他们已经预见了未来。如果你能够基于合理的假设和当前的事实给出可靠的证据，那么你甚至可以说服自己，你所预测的事情真的会发生。例如：

> 30 年后，你工作的公司可能不存在了。你一周只需工作三天，其中两天你在家里用电脑办公，第三天你会与同事们进行视频会议。你可以再花两天时间来激励智囊团成员，让他们进行头脑风暴（他们是 24 小时工作制）。

这正是你刚刚给听众描绘的一个场景，虽然有争议，但足够有趣，让人们想去了解更多的内容。你觉得它可能会实现，因为根据我们已经看到的，一些看似荒谬的前提实际上可能有一些基础。

让我们回到全球化的核心内容，我们不难在对未来的戏剧性描述和这些巨大的变化如何成为我们现在也可以感受到的全球政治、经济、社会和精神变化的最终产物之间建立一种明确的联系。

顺便说一句，你会发现，那些喜欢将自己定位为领导者的商界或政界人士也喜欢预测未来，他们会毫不犹豫地直接谈论别人不敢涉足的领域。放轻松，你也可以和他们一起高谈阔论。

7. 回顾过去。将自己视为领导者的人会通过回顾过去来试图证明自己的管理方式是正确的。但我说的并不是传统意义上的回顾过去，关键是要通过定义过去来揭示变化。

领导者了解变化。他们之所以能成为领导者，其中一个原因就是他们将识别正在发生的变化视为己任。

如果你能一直做到这一点，那么你就是这个世界需要的人，因为像你这样的人可以驾驭历史、控制历史，而不是被历史控制。幸运的话，像你这样的人可以很好地利用不可避免的变化和进化。

好的领导者拥有全局观和历史观（即世界观），能在问题成为问题之前就对其进行评估，能在需要采取行动之前就采取行动（这就是一些商务人士所说的"积极主动"）。企业的首席执行官喜欢将自己视为政治家，他们认为自己不仅是公司背后的掌权人，而且是世界舞台上真正的参与者。我曾为很多企业的领导者写过演讲稿，让他们在短短几秒钟内谈论了过去 50 年或 60 年发生的事，这样做是为了向听众传达这样一个准确的信息，即他在积极主动地采取行动。例如：

> 1970 年，日本仅占全球电信业务的 2%。但到 1995 年，韩国和日本控制了全球 42% 的电信业务。
>
> 如果这种趋势持续下去，那么我们可以预计，到 2015 年，韩国将占主导地位，我们甚至可能退出电信业务。
>
> 对我而言，我希望这个噩梦永远不要成为现实。这也就是我今天出现在这里的原因，我要敲响警钟。要想参与全球竞争，我们就必须有一个公平的竞争环境。此时此刻，我们需要它。

你成功了。你的观点很明确，你可以接着往下讲了。

8. 讲笑话。即使是那些有趣、平和的人，当他们试图博得听众一笑时，有时也会让人觉得他们在讽刺和挖苦别人。如果你使用的笑话由于各种不同的原因出了问题，往往会引来听众一阵尴尬的窃笑，这多是他们在对倒霉的演讲者表示同情。如果你最开始讲的笑话平淡无奇，那么接下来的内容也会受到影响。所以我不推荐你使用笑话。

为什么有那么多人坚持使用笑话开始演讲呢？第一，他们看到别人这样做，就认为这是一种很好的方式；第二，他们根本不知道有什么其他方法可以让演讲的开头引人入胜；第三，他们认为笑话可以

"破冰"（它可以做到，但可能不是以他们想要的方式）。

演讲者即使足够聪明，可以使用笑话来提出合理的商业观点，他们也还是有很多需要避开的"地雷"。不存在有启发性的笑话，但还是有很多人不明白这一点，这让我很惊讶。

例如，曾经有一位演讲者想通过讲述一个女人打开天窗、享受日光浴的笑话来说明任何事情都具有两面性。这是一个不错的尝试，但我简直不敢相信自己的耳朵。从技术层面讲，这个故事阐明了他的观点，他讲笑话的方式是对的。然而，听众中的女性（大部分都有MBA学位）并不觉得好笑。她们中的一些人后来告诉演讲者，她们认为他使用的笑话并不恰当。考虑到当时的场合，她们可能是对的。

如果你坚持尝试使用笑话，那么请你务必遵循以下原则。

- 把故事讲得像真的一样。如果包袱抖得刚好，那么故事会更有趣。
- 用故事来阐述商业观点。如果你没有观点，就无权讲笑话。
- 永远不要为了讲故事而损害女性的利益。如果这样做，你就一定会后悔。你很可能会被当成偏执和粗鲁的人，这甚至会影响你的职业生涯。
- 确保你用正确的方式讲故事，不要抖错了包袱。

O 代表一次只讲一个主题：主题明确

温斯顿·丘吉尔被视为 20 世纪最伟大的演讲家之一。他曾说过，我们一次只能谈论一个主题，尤其当你只是会议或活动中的一系列演讲者之一时。假设在一场会议中一共有六位发言人，即使每位发言人只传递一个信息，你可能也很难记住他们每个人说的话，而且你有六个信息要消化。

但现实往往更糟糕。事实上，很多演讲者都不知道应该如何演讲，他们总喜欢在短时间内给出大量信息，而并不考虑什么更重要，什么是真正的信息。他们会试着一次谈论不止一件事。我要说的是，仅仅对信息进行分类，并将它们直接呈现给听众是远远不够的。

> 简单地说出你想说的话是远远不够的。一次谈论很多事情（并将信息转化为知识）的唯一方法是让它们听起来就像是一件事。要想做到这一点，你就要先确定主题，并找出需求、变化或趋势，然后给出你的案例。你的观点就是你的主题。

假设你已经确定你的主题是全球化。如果你想用一个简单的句子来解释全球化，你就可以这样说："公司未来的发展在一定程度上取决于我们融入全球经济的能力。"很好，你已将全球化转化为一种商业信息，并带有真实的紧迫感。这是一个充满各种可能性的大主题，足够你在接下来的18分钟里发挥了。

你可能会说，除了谈论全球化，你还想说一说很多影响你公司业务的事情。我的回答是，只要你愿意，只要你能清楚地将每个子主题与最初的全球化概念联系起来，你就可以尽情发挥。所以，如果你必须提到研发，那么根据 POWER 公式，你只能谈论与全球化直接相关的研发。研发将成为全球化的一个重要方面，战略规划、营销、广告和所有其他职能也一样。

我们将在第 8 章中讨论两种主题，即火箭和项链。但首先，我们先要"打开窗户"。

W 代表"窗户"：用恰到好处的例子充实演讲

在 POWER 公式中，"窗户"是一种帮助听众深入了解演讲内容的方式。窗户代表着具体的例子。

如果没有例子支撑，即使是一条非常震撼人心的信息，人们可能也会觉得它毫无价值。每个主题都需要证据来证明其可信度。为了证明可信度，我们就必须使用"窗户"，即具体的例子、相关的插图、合适的数据、轶事或解释概念另一面的类比。

欧内斯特·海明威（Ernest Hemingway）说："不要只是告诉我发生了什么事，请把细节展示给我看。"这就是他的写作方式。他向我们展示了斗牛士躺在血淋淋的沙子中奄奄一息的情景，让你通过斗牛士亲眼看到死亡是什么样子。这就是你必须做的事：用文字构建画面，并提供可靠的信息。

第 7 章　决定演讲成败的 POWER 公式

> 概念一般很抽象，而抽象的东西很容易被遗忘，就像你睡醒后很难想起自己做了什么梦一样。每个与主题相关的想法都必须有一个例子支撑，有一扇与这个想法相关的"窗户"支撑。因为经验告诉我们，那些只讲概念、不提供例子的人是没有说服力的，听众只会左耳朵进、右耳朵出。不要让听众花时间忍受你一连串的抽象概念，而且如果后面的演讲者犯了同样的错误，那么情况只会更糟糕。

例如，如果你说去年是不错的一年，就没有真正的价值和可信度。为什么是"不错的一年"？有什么表现？相对于哪一年？衡量标准是什么？你基于哪些事实？你的观点的基础比观点本身更有趣，因为具体的例子总是更有趣。

例如，你可以告诉听众，公司在美国东南部地区的销售额出现了惊人的好转，比去年增长了至少 50%；或者你可以引用《商业周刊》（*Businessweek*）的文章；或者你的中国之行如何为中国市场带来了 2000 万件的额外订单。

未能给你的听众提供例子就像律师在法庭上只陈述案情而不提供证据一样。演讲者的"证据"就是用来佐证其观点的例子。如果我们的主题是全球化，子主题是战略规划、研发、质量控制和管理开发等，那么我们还可以增加一个进一步证实子主题的维度，并且只由相关例子组成。换句话说，例子辅助子主题，子主题辅助主题。我们不说废话，不离题，不说无关紧要的内容。

让我来进一步解释一下。如果你想要强调你的观点，并解释战略规划与在国际市场取得成功之间的重要关系，你就可以给出一些有趣的例子。例如，你可以使用某家公司因成功地执行某种战略而取得了辉煌成就的例子。你也可以反其道而行之，使用某家公司因没有任何战略而失败甚至破产的例子。或者你还可以给出一个描述了积极或消极观点的带有假设性的例子来强调你的观点。

关键是，没有例子的演讲稿看起来就像是白皮书或学术论文，也根本称不上演讲稿。

请记住，如果你的听众不明白或不记得你说了什么，那么仔细准备、口若悬河、全面掌控你的主题对你而言也没太大好处。我们经常误以为我们能理解的东西别人也能理解。如果你想让你的听众真正理解，并且在几个月后仍记得你说了什么，例子就是王道。

E 代表倾听：使用对话式语言

请确保你说的是日常语言。不要使用商业中的"秘密握手"[①] 和

[①] 指某个团体、组织或朋友、同事、家人之间熟悉的交流方式。——译者注

"备忘录"式语言。从坐着说话变成站着说话可能是你最难完成的事情之一。和坐着说话相比，很多人在站着说话时会更正式，说的话也更少。换句话说，我们就像变了一个人似的，开始自我展示。对大多数人而言，这种风格上的改变意味着有效性的显著降低。我的小窍门是，无论你是坐着还是站着，都请你始终让自己看起来是在与听众对话。

> 当我们做自己时，我们总是能保持最佳状态，用日常使用的语言与他人交谈。当你用轻松的方式演讲时，你与听众之间就不会有任何障碍。

我在前面提到了酒吧谈话。想象一下，当你和朋友在酒吧或者其他类似的环境中交谈时，你不会感到焦虑。这时，你处于舒适区，你更有可能找到自己并做自己。障碍少了，恐惧消失了，真实的你才会出现。也只有这样，你才能拉近你与客户、员工、同事、投资者、高管和决策制定者之间的关系。

不论你参与的是什么形式的对话或交流，你都可以做选择：你可以选择语义明确，也可以选择模棱两可。有时人们并没有意识到自己说的话模棱两可，但也有些人出于某些原因而故意这样做。

在模棱两可方面，经验丰富的官僚是公认的大师。众所周知，这些人非常狡猾，知道如何在他们的整个职业生涯中逃避责任，他们几乎不露面，容易被听众遗忘，也不显眼。要做到这一点，他们必须深谙语言伪装的套路。有经验的官僚可以把模棱两可的艺术发挥到极致。

例如，美国联邦储备委员会（Federal Reserve Board，以下简称美联储）前任主席艾伦·格林斯潘（Alan Greenspan）先生就是如此。他和其他前任主席在面向公众演讲时喜欢语义模糊，如当谈到未来将采取什么行动时，他们的话又会让听众觉得他们不必为此承担任何责任。以下是格林斯潘在美国国会上的部分讲话。

> 格林斯潘：我们的货币政策战略必须继续基于对最新消息的持续评估和对相关替代政策可能造成的结果以及带来的风险的持续评估。
>
> 翻译：设定利率很难。
>
> 格林斯潘：当美联储收紧储备市场时，将长期利率的一些上调视为对抗商业周期表现出阶段失衡趋势的过程的一个方面，这并不奇怪。
>
> 翻译：因对经济增长和通货膨胀的担忧，美联储的加息重挫债券市场。
>
> 格林斯潘：我们的长期战略表明美联储必须注意，在阻力减弱的时候不要长期保持宽松的政策。
>
> 翻译：我们会再收紧一些。

美国国家税务局（Internal Revenue Service，IRS）也证明了自己一贯能够将官僚主义的迷雾推向更惊人的高度。和书籍、演讲和报纸

第 7 章 决定演讲成败的 POWER 公式

上的文章一样，备忘录和报告也应该按照我们说话的方式编写。在记住这一点后，让我们来看看美国国家税务局为提高该机构的安全性所做的提案："完整有效的安全架构；制定数据加密策略，并发布加密的需求建议书；外部访问工具试点；为审计收集功能构建原型。"

唉，难怪数百万美国人无法从华盛顿的税务员那里得到一个直截了当的答复！

> 在任何组织中，随着职位的上升，语言往往会变得更简单。在会议室中，沟通通常是直截了当的，并且穿插着轻松的聊天。这种风格当然不适用于写作，但非常适用于演讲。

如果你想引起共鸣，就请你继续保持简单、直截了当的风格。然而，许多中层管理者在向董事会成员汇报工作时倾向于采取相反的方式，也许是因为他们认为这样会使自己听起来更专业。他们掌握了前面提到的"秘密握手"语言，这通常是为了让听众更关注他们，而不是他们实际在说什么。中层管理者或其他层级的管理者有时也可能会被流行语弄得晕头转向。当中层管理者在演讲中加入某些学科术语时，他们其实是在说："嘿，请关注我！我是一位专业人士。我希望得到你们的赞扬。"

在会议室中，你可能听到的是"关于这个想法，我们应该在研发上增加投入"，但是比你低两个层级的人听到的却可能是这样的："关于可行性问题，我们可能确实有必要与研发部门沟通如何评估产品的预期受众范围，因为它将作为未来销售的关键参数而影响我们的决策过程。只有这样，我们才能制定出竞争对手可能采取的类似战略举措……"

这可能有点夸张，但我实际上听过或读过比这更糟糕的内容。有讽刺意味的是，如果高管们不必每天忍受啰唆的演讲，那他们会非常感激你。这是他们告诉我的。然而，更具讽刺意味的是，人们使用的语言在短期内不会发生很大的变化。原因既有心理方面的，也有文化方面的：大多数人都会通过他们所做的工作来衡量自我价值，他们只是相信用看似睿智的特殊语言来装点演讲有很多好处。学科术语只会强化自负的观念，它是很多人用来达到效果的道具，就像人们可能会买一套昂贵的西装一样。只是在这种情况下，他们很可能要自掏腰包。

直截了当是领导力的语言，你可以一直让它为你服务。

在某种程度上，我们——律师、企业管理者、销售人员、营销专家、工程师、教师和教授——可能都在犯错。我们设置的语言障碍非但没有帮助我们，反而会让我们分心和偏离清晰的目标，直到我们被我们所说的话打败。

那些坚持使用正式语言或备忘录语言与其他商务人士互动的人，可能会因为他们说的话而被视为小职员（除非双方都喜欢用某种暗语），而那些直言不讳的人经常被视为小职员的汇报对象。紧要关头，直言不讳总能让你完成工作。

由于认识到这个需求尚未被满足，2008年，美国共和党议员约翰·麦凯恩（John McCain）的总统竞选活动可以总结为几个字：直言不讳。虽然他落选了，但"直言不讳"在不同党派中引起了共鸣，并引起了不同政治派别人士的关注。

在新一代硅谷人的带领下，美国传统企业文化的传承者们开始认识到直言不讳的商业价值，而且这种文化正逐渐演变为一些人所说的"新经济"。但有一位顶级商业领袖已经走在了他所处时代的前面。

20世纪80年代早期，克莱斯勒（Chrysler）汽车公司总裁李·艾柯卡（Lee Iacocca）到美国华盛顿做最后的努力，试图保住他的公司。当时，克莱斯勒汽车公司面临破产，艾柯卡急需一大笔钱。他和他的律师团队来到参议院委员会的会议室，准备说明公司的情况。他们当时带着看起来大约有半米厚的纸质材料。律师们围坐在艾柯卡身边，但他故意无视这些律师，并将这堆材料放在了一边。他在麦克风后面坐下，对着参议员们说了下面的话：

> 先生们，情况很简单。下周，密歇根州可能有10万人会失业。现在，你们要么给他们写一张支票，也就是我们所说的社会保障金，他们可以领取失业救济金，纳税人，也就是你们的选民可以为此买单；【暂停一下——你可以确定，他已经引起了听众的注意】要么给我写张支票，我会让这些人重回工作岗位。我们将在三年内造出美国最好的汽车。然后，我会亲自

来还这笔钱，并且带着利息。然后，你们可以把这些钱存到银行去！

参议员们当然是把钱给了艾柯卡。原定半天的会议20分钟就结束了。艾柯卡拿到了钱，克莱斯勒汽车公司重获新生，很多人保住了工作。后来，艾柯卡遵守承诺，按时将这笔钱和利息还给了政府。所有人都成了赢家。

你可以争辩说，克莱斯勒汽车公司之所以还存在，你之所以还能买到切诺基吉普车，仅仅是因为它的总裁很明智，在华盛顿时表现得不像个商人。

这里的悖论是商人说起话来不应该像个商人，化学工程师说起话来不应该像个化学工程师，律师说起话来不应该像个律师，像我这样的顾问说起话来也不应该像个顾问。我想说的是，在与人们沟通时，我可能不希望他们知道我有博士学位，因为没有什么比非对话式语言更能妨碍我们做生意了。

如今，商界人士会告诉你，真正的生意大多数是在会议之外谈成的，如在走廊里偶遇一个人、拿起电话反复讨论一个想法、在去其他地方的路上断断续续地聊天等。换句话说，当我们运用一直最有效的沟通工具，也就是我们自己时，我们才能真正做成生意。只有当我们以自然的方式与人交谈时，我们才是真正的自己。

真正的行动可以归结为面对面沟通。有时我开玩笑说，这就是高尔夫球运动很受欢迎的原因。你有没有想过为什么公司和股东愿意付钱让首席执行官成为高尔夫球俱乐部的会员？因为全世界每年在高尔夫球场上谈成的生意都多于在会议室里谈成的生意。

R 代表记忆深刻：结尾令人印象深刻

你希望你的听众做什么？当然是记住你所说的话。除了有一个引人入胜的开头，还要有一个令人印象深刻的结尾。毕竟，这是你要说的最后一件事，只有让它令人难忘，你的演讲才可能有意义。你不仅希望你的听众记住你所说的，而且希望他们去做你想要他们做的事。所以，你的关键内容应该值得被记住。但首先，我想帮助你避开一个常见的陷阱：当你准备结束演讲的时候，尽量不要说"结论是……""让我们总结一下……""总而言之……"或"总的来说……"之类的话。因为这样会让听众觉得你是在演讲，而不是在对话（稍后我们会详细介绍）。当然，你确实是在演讲，但你应该竭尽所能地去创造一种对话的氛围。

难道你在酒吧里会和朋友说"让我们总结一下……"？难道你会在厨房里和你的爱人说"总之，亲爱的……"？我想应该不会。

你可以说：

- "所以这一切都归结为……"
- "综上所述，这就是我们所得到的……"
- "我想传递的信息是……"
- "重要的是……"

以下是让我们的结尾令人印象深刻的七个方法。

领导者演讲力
The New Articulate Executive

1. 总结要点。要点可以是一个或三个，但最好不是两个或四个。这是因为人们喜欢听到奇数（有了两个会期待第三个），但四个太多，人们往往记不住。

这意味着你可以重申你的关键信息，并给出三个理由来支撑它们；或者只是给出关键信息，不做论证。如果你要在结尾部分给出两个关键信息，这就只会在应该团结的时候起到分裂的作用。最佳经验法则是：只重申一个关键信息。例如，你可以说："正如你所看到的，我们的未来掌握在我们自己手中。如果我们能够改正错误，并认识到我们未来的成功将取决于我们迅速拓展至全球市场的决心和能力，那么一切都为时不晚。"

2. 呼应开头。结尾要与开头相呼应。这种做法不仅会让听众觉得你很聪明，并喜欢你的设计，而且可以节省你的准备时间。这是因为如果你没有太多时间准备，那么你只要弄清楚你的主题，就可以将这个主题用简单的语言总结出来，所以你的主题不仅会成为你的结束语（最后说的话），还会成为你的开场白（标题或最开始说的话）。如前所述，开头变成了结尾，反之亦然。

当然，你也可以使用我们之前介绍的让开头引人入胜的八种方法中的任意一种。所以在结尾部分，你可以回到开头，并且用个人故事、插图、有力的观点、引用的句子、提问、对过去的回顾或对未来的展望等作为结束。当然，你可以用不同的词语来复述之前说过的内容，避免让听众觉得你是在放录音。例如，你可以说：

> 我希望我们能把工作做好，等我下次去伦敦的时候，我能

够在哈罗德百货公司的货架上找到我们的产品，甚至可以在法国、德国、意大利甚至整个东欧地区的百货公司的货架上找到我们的产品。我很快就会看到布卢明代尔（Bloomingdale）和美国各地的收银机将再次工作起来；从西雅图到新加坡，从纽约到新德里，人们在世界各地都可以买到【×产品】。

这可能是一位新任首席执行官正在向他的团队介绍他的全球战略计划。通过回顾哈罗德百货公司和布卢明代尔的轶事，他提醒大家，他有能力解决这个问题，并已经有了解决方案。

3. 行动呼吁。要求听众做你想要他们做的事。你可以申请启动一个项目，或者向董事会申请资金为这个项目买单，或者寻求帮助、支持、想法、合作、权力和一致意见等。正如任何优秀的销售人员都会告诉你的那样，有时如果你不提要求，你就什么都得不到，甚至连订单都拿不到。

政治家经常会寻求帮助或拉票。公司高管会组织公司内部与其意见相左的人或与其有竞争关系的部门一起开会，寻求合作并达成共识。非政府组织（Non-Governmental Organizations，NGO）的负责人可能会这样寻求资金支持：

此刻，我想请大家和我们一起，竭尽全力帮助这些物资极度匮乏的人过上更好的生活。请大家写一张支票，并写信给你们的国会议员和参议员，用你们的声音和投票的力量让我们的世界变得更美好。

4. 谈论积极的方面。即使情况不利，也请你尽可能寻找你能找到的任何好消息，让那些不太鼓舞人心的故事听起来没那么糟糕。我们每天处理的琐事中偶尔会有小惊喜，但我们经常会忽略它们。例如，在美国，美元疲软会使美国人的出国游减少、贸易赤字减缩，因为产品成本会降低。如果今年收益再次下降，那就太糟糕了。但如果收益与去年相比有所增加，那就是好事。如果我们使用这条上升曲线去预测明年和未来，那么我们很快就又会赚到很多钱。

在工作和生活中，我们既可以将挫折视为障碍，也可以将其当成垫脚石；我们既可以将问题视为挫折，也可以将其视为挑战；我们既可以抱怨自己的处境，并为此感到难过，也可以期待改变处境时将面临的挑战。

> 错误、挑战、障碍和挫折提供了提高技能、集中精力、激发创造力、更聪明地思考、更快地行动和更好地表现的机会。这同样适用于演讲，不仅在准备和演讲时如此，在传递信息时也是如此。请让你的听众充满希望，并且向上和向前看，而不是向下和向后看。

例如，一位陷入困境的首席执行官在与管理团队谈话时可以这样结尾：

> 我想让大家忘记这个坏消息。忘记你在电视和报纸上看到的。不要再听那些反对者和悲观者的言辞。不要再去琢磨专家和那些喋喋不休之人说的话。

现实情况是，这个新行业中的所有人都在同一条船上，我们都在同一条船上。我们公司已经从错误中吸取了教训，我们会因此变得更好。我们的资产负债表每天都在变好。我们仍然拥有业内最有才华的管理层，我们已经为在经济反弹中盈利做好准备了。

这就是我要传递的信息，请告诉你们的下属。

5. 坏消息 / 好消息。如果你发现你要说的内容中存在一些弱点或漏洞，坏消息 / 好消息的方法可以减少问答环节出现带有敌意的问题的可能。例如，一家初创公司的新任首席执行官在面对潜在的私募股权投资者时可以这样说：

的确，我们是这个市场的新手；的确，我们必须迅速行动，才能在这个充满挑战的环境中履行我们的义务，并建立商业模式；的确，监管方面的问题仍是我们在接下来几个月要关注的问题。但最重要的，也是我今天想让你们记住的是，我们不只是新手。我在电信行业工作近20年，我从未看到任何一家公司具备如此快速发展的潜力和长期价值，并能够给投资者带来如此大的回报。

你已经通过预测他们的担忧缓解了你的紧张情绪。你可能还通过承认你已经注意到了这些问题，并将其纳入你的计划而避开一些棘手的问题。

6. 展望未来。人们都喜欢预言家，特别是在商界和政界。在大多数商业演讲中，真正吸引人的不是昨天或者今天发生的事情，而是我

领导者演讲力
The New Articulate Executive

们可以期待明天会发生的事情。这是演讲能够为企业更高级别的管理者带来的附加值,他们可以根据下属传递给他们的信息做出决策,而下属会根据过去(如过去两个季度)发生的事情做出预测。部门副总裁根据智能预测(基于可靠的数据得出)向董事会的高级管理委员会提出建议的做法是相当不错的。所以,有用的消息应该是接下来将发生什么事情。

例如,如果一家大型保险公司的客户群正在发生变化,那么高管层就必须了解这种变化并采取适当的行动。如果严格限制甚至禁止销售特定产品的法律已经出台,那么在关于濒危产品的推介中就必须优先考虑这些信息。如果最近几个季度的财务、销售和营销数据已经出炉,那么这就是非常重要的信息,你必须知道这些数据的走向、这些变化对企业而言意味着什么,以及我们应该如何应对,并制定解决方案。现在,你正在将随机数据转化为有意义的信息,而这些信息将对公司产生可用美元衡量的影响。

> 未能清晰地转化附加值和明智地预测未来是很多商业演讲失败的原因。

识别趋势、变化和重要迹象,然后以某种方式结束你的演讲可以让听众听到并记住你说的话,并且在必要情况下采取适当的行动。例如,你正在与一个贸易集团会谈,并指出变革即将到来,你可以这样结尾:

- "基于我们所知道的一切,这就是我所看到的……"
- "我看到经济衰退的势头在减弱,美元在慢慢坚挺……"
- "我看到三巨头明年这个时候会再次增长……"
- "我在亚洲看到了两年前看不到的新机遇……"
- "总而言之,接下来的18个月可能会成为自行业40年前出现以来我们所知道的增速最快的时期之一……"

需要注意的是,如果以预测结尾,那么你可以这样总结:"那么我们接下来该怎么做呢?"

7. 讲述一个能凸显主题的故事。这可能很困难,如果没讲好,麻烦可能比好处多——如果故事讲得不自然,而且没有说服力,听众可能就会觉得你想要控制他们,甚至觉得你的故事是假的。就像讲笑话一样,讲故事的风险也很高。但是如果你能在正确的时间、使用正确的方法讲出合适的故事,那么这可能就是最好的结尾方式。

首先,如果你选择用故事来结尾,那么你的故事就必须紧扣主题,清晰地展示你的商业主张,而且你不需要花太长时间来讲述它。我建议你选择使用寓言,因为它们永远不会过时。例如,如果你认为你的公司必须建立一流的营销团队才能在未来的全球经济中参与竞争,那么你可以这样结尾:

> 说起未来的工作,我想到了中世纪一位孤独的旅行者。他到了一个地方,遇到了在路边工作的三个人。
>
> 旅行者问第一个工人在做什么,他说他在磨石头。
>
> 旅行者问第二个工人在做什么,他说他在砌一堵墙。

> 然后，旅行者问第三个工人在做什么，他说他在建造一座大教堂。（暂停）
>
> 同样的道理，虽然我们并没有在建造大教堂，但是我认为，公平地说，我们在尝试做长远打算——创造一些在下个世纪仍然有价值的东西。

然后，你就什么都不要说了。你的工作已经完成了，只要你有信心，而且说的话让人信服，你就已经做得很不错了。如果你再补充其他内容，那就是画蛇添足，可能会减弱整体效果。

以一张图片（如一张大教堂的照片）结尾也许可以暗示你崇高的理想，并为你的听众准备一份可以带走的礼物，即他们在六个星期后还能记住的内容。

> 请记住，你是在与那些在电视和电子游戏中长大的人对话。当你说话的时候，在某种意义上，你必须通过讲故事或描述画面来让自己成为那个屏幕。

现在，你已经完全准备好去承担最具挑战性的演讲任务了。但首先，还是让我们再回顾一下POWER公式。

P——迅速出击。开头引人入胜，即以结论、个人故事、插图、提问、引用、回顾过去、展望未来或笑话来开始你的演讲。

O——一次只讲一个主题。一次只传达一个信息（加上与主题相关的子主题）。

W——"窗户"。给出支撑主题的具体例子。

E——倾听。使用对话式语言，避免使用商业术语。

R——记忆深刻。结尾要令人难忘（总结要点、呼应开头、呼吁听众采取行动、谈论积极的方面、坏消息/好消息、展望未来和讲故事）。

你可以根据自己的需要选择开头和结尾的方法。例如，你可以从讲一个关于你自己的故事开始，然后给出一个有说服力的观点，提出一个问题，最后在结尾讲一个故事来重复你的主要观点，并向听众发出呼吁。

POWER 公式不仅仅是一个工具包，它也是一个万能的给予你力量的工具。任何演讲都可以使用它。它可以节省你的准备时间，让你有时间去做其他事情；它可以让你的听众对你产生兴趣，让他们清醒地听你演讲并做出回应；它可以帮助你节省演讲的时间，同时让你有源源不断的能量；它可以让听众记住你传递的信息，甚至让他们记住你说的细节；它可以让听众记住你，并让他们采取行动。

现在是时候给你的"火箭"注入能量（POWER）并发射升空了。

第8章

像设计火箭一样设计你的演讲

火箭

一家大型消费品公司的首席执行官正在准备他在公司年会上的发言,他说他要讲八个要点。我告诉他这可能没多大意义,因为人们一次只能记住一个主题。于是,我们重新设计了他的发言。最后,他只保留了一个主题,但他仍然可以讲八个要点,因为我们把每个要点都定位成主题的一部分。换句话说,所有要点都只是阐述主题的另一种方式。

我所说的"设计"就是设计一枚火箭。

如果更多的商业演讲设计得像火箭一样,我们就不会浪费那么多时间,就可以完成更多的工作。

请想象一枚火箭。鼻锥体中有你最重要的信息(也就是你的主题），你会让它被所有听众记住。现在，请你想一想火箭的设计线条，这些线条从"弹头"直接向下延伸至船体，末端是子主题。这些线条都与鼻锥体相连，它们都是单独的燃料舱，为火箭在升空途中提供动力。

我们都知道不能一次讨论很多事情，但如果我们想讨论很多事情，那也没关系，只要每个话题都与我们的主题直接相关即可。换句话说，每个话题只是主题的一个方面。这样我们既不会跑题，也不会说废话。

> 将每一次演讲、讲座、发言、对话或演示都想象成一枚火箭——设计优雅简单，但功能强大。设计火箭时力求使其空气阻力最小，移动速度快，能瞄准一个目标，动力强劲，并且可以携带惊人的有效载荷。

不要转换话题

要想最大限度地释放"火箭"的能量，关键就是避免犯他人犯过的错误。你可能经常听到人们说"现在我想换个话题……""现在我想继续讨论下一个话题……"或者"我想说一说其他事……"。这时，听众可能会误以为你有五、六、七个主题。这样做，你可能会满盘皆输。这可能是一个致命的错误，必须避免。

如果没有你的引导，听众可能就不知道你引入的哪个新话题是你的主题。更糟糕的是，假设你只是一场为期两天的会议中的众多演讲者之一，而且其他演讲者也犯了同样的错误，即每个人都试图谈论六个要点，却没有努力用一个主题将它们联系起来，这样一来，人们就需要处理 50 个信息，而不是 8 个或 10 个信息。这显然是徒劳的。主题被淹没，你不能责怪那些会后抱怨整场会议都是在浪费时间的人。所以，如果你想让人们记住你说的话，而且你也尊重他们花时间来听你说话，那么你最好考虑应用火箭策略。

如果你的主题是全球化的必要性，但你也想谈谈研发、战略规划、生产效率、盈利能力、销售和营销以及制造，那么你可以尝试将你的子主题融入你的大主题。例如，你可以这样说：

- "提到全球化，我们就不得不提到在全球范围内分销所面临的挑战……"
- "我们致力于成为一家全球性企业，但要做到这一点，我们就必须灵活，这正是战略规划的用武之地……"
- "在全球市场上，任何企业都需要通过提高生产效率来参与竞争，这就是为什么我们仅在今年一年就花了超过 1 亿美元来简化我们的流程和升级我们的生产设备……"

总而言之，你的"火箭"可能如图 8-1 所示。

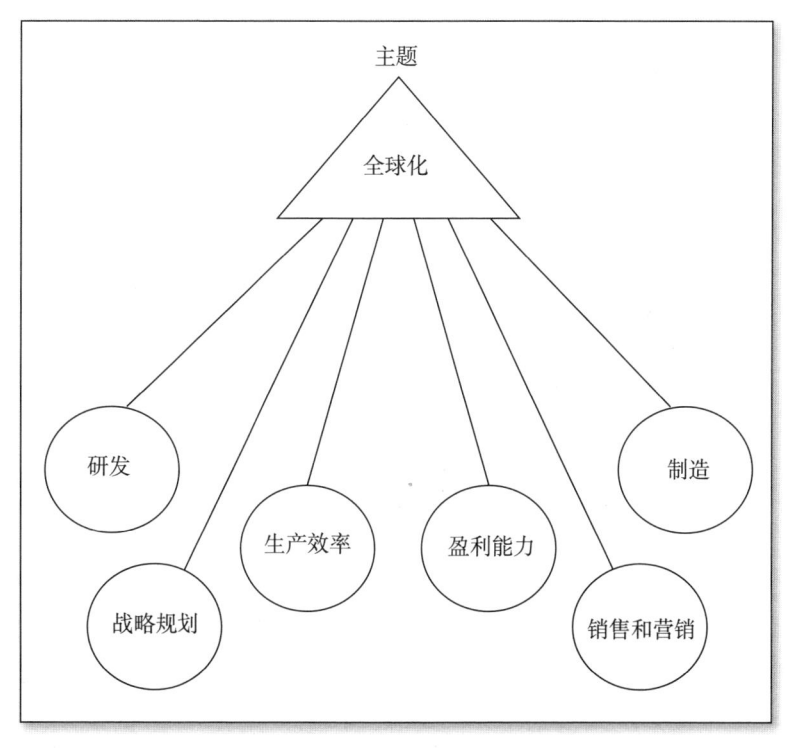

图 8-1　为"全球化的必要性"这一主题设计的"火箭"

如果你想尝试想到哪里就说到哪里，你的演讲可能听起来就很随意，也就是说，一场包括六个（如果包括全球化就是七个）主题的演讲似乎没什么实质内容。但如果用一个主题将它们统一起来，你就将水母变成了一枚威力巨大的导弹，可以肯定的是，它一定会产生影响。以建造火箭的方式设计你的演讲内容的好处之一是，火箭是纯粹智力能量的集成工具。

> 火箭的所有零部件都被战略性地连接在一起，以产生最大的影响，任何零部件都不可或缺。从某种意义上说，这些零部件协同行动，就像一个团队：我为人人，人人为我。

让我们回到 POWER 公式和以全球化为主题的演讲。我们已经讨论了研发、战略规划、生产效率、盈利能力、销售和营销以及制造与全球化的关系。接下来，让我们给出具体的例子来支持我们的观点。加上例子后，你的"火箭"如图 8–2 所示。

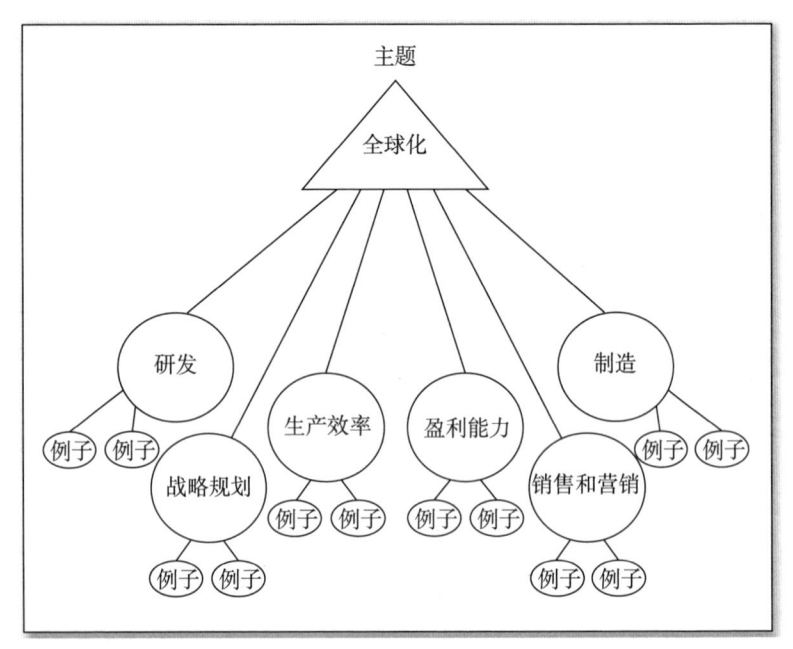

图 8–2　有例子支持的、为"全球化的必要性"这一主题设计的"火箭"

这个模型不仅简单，而且会让我们马上想到以下几点。

- 它的形状像一枚真正的火箭，它的流线型设计将所有零部件以一种非常实用的方式装配在一起。
- 一切都朝着同一个方向前进。
- 万物互联。

最后一点至关重要。盈利能力只能在全球化的背景下讨论，提供的例子仅仅是为了强调盈利能力。在演讲的任何阶段打破这个规则都可能会影响演讲的效果，最终导致失败。

所以，可以说 POWER 之于组织就像流线型设计之于火箭。让火箭冲劲最大的关键是让 POWER 吸引人们的注意。火箭不仅吸引了人们的注意，而且吸引了一种奇特而持久的观念，即演讲的所有内容都是有联系的。

换句话说，火箭和 POWER 是同一事物的两个方面。现在，我们制造了一枚火箭，并加上了 POWER。

现在，你已经准备好，可以随时发射火箭了。

项链

没有子主题就等于没有火箭。没有也行。如果你的演讲中没有包含不同的内容，那么你可能需要设计一条项链。项链只是一条有一些例子支撑的信息。设计一条项链是吸引听众最直接和最有效的方式，应该成为商业演讲者的首选方法。能快速达到目的、有感染力、有影

领导者演讲力
The New Articulate Executive

响力的演讲几乎都会采用项链策略。

> 采用项链策略可以使演讲者迅速站稳脚跟，然后用一个又一个令人信服的证据去证明论点。

经验丰富的演讲者可以使用项链策略来改变听众的行为并激励他们采取行动，无论你是指挥军队的乔治·巴顿（George Patton）将军、向美国民众发表历史性演讲的巴拉克·奥巴马，还是向潜在客户销售商品或服务的销售人员。

项链的作用和美都在于它的简洁。假设你有一条珍珠项链，所有珍珠是用一条银线串起来的。那么，银线就是你的主题，珍珠就是关于主题的例子。与火箭不同，它没有子主题。当你将两端连在一起时，项链完整了，并且形成一个圆圈。

几个世纪以来，政治家、国王等形形色色的历史人物都在使用项链策略来激励人们参加革命、冲锋陷阵，甚至说服人们为了某项事业献出生命。

我记得在我读大学时，有一位教授花了55分钟去大谈特谈拉尔夫·沃尔多·爱默生（Ralph Waldo Emerson）的日记和爱默生对大自然的热情。教授的话很有说服力，但缺少例子的支撑，所以当我们认真听了18分钟时，我们就已经觉得是极限了。如今，我很难回想起我通过这门课程学到了什么，但令我高兴的是，有些导师在讲课时喜欢举一些例子（口头描述或展示图片），所以我现在还能想起这些课程的大部分内容。那位教授的项链虽然有一根银线，但珍珠很少，那不是一条漂亮的项链，所以他错过了给我们一次丰富的、堪称冒险之旅的学习机会，而我们也错过了一次获得这种体验的机会。

项链策略如果使用得当，在经营中也能达到相同的效果。例如，你遇到了一个难题，你们部门的业绩未达标，你需要召集整个团队，并吹响战斗的号角。你的主题是最近全行业都不景气，你们部门需要在经济复苏时打败竞争对手。这就是你的银线。

现在，你需要用珍珠来佐证：

- 研发中的新产品（名称是什么）；
- 增加的研发支出（多少？用于哪些产品）；
- 增加的营销和广告宣传活动（哪些品牌？在哪里？以什么方式）；
- 聘请了哪些顶尖人才（谁）；
- 新的合作伙伴（哪个）；
- 亏损品牌的剥离（哪些亏损品牌）；
- 可持续的盈利战略（它是如何运作的）；
- 更大的预期市场份额（多大）；
- 客户服务整改和升级（如何整改和升级）；
- 行业中排疑解难的新的 SWAT 团队（如何排疑解难）。

然后，你就可以直奔令人印象深刻的结尾了，任务完成了。

当我告诉人们他们的演讲太长时，他们的典型反应是"好吧，我只举几个例子"。这可不好。这就好像扔掉证据，或者把婴儿和洗澡水一起倒掉。更好的解决方案是编辑、精简并增加例子。

编辑和重新设计能够删除冗余的部分并增加亮点，这样就可以缩短演讲时间，产生更大的影响，因为听众现在能够以正确的方式获得正确的信息。对参与演讲的所有人（包括演讲者、听众等）而言，这种转变将转化为可量化的、更高的生产率。

POWER 公式、火箭和项链都能确保你的时间、工作和努力得到回报。这些工具本身就可以在很大程度上确保你在演讲时不会与其他人犯同样的错误。

将火箭、项链整合进 POWER 公式，你将得到以下工具包。

POWER 公式

P（迅速出击）

1. 从结论开始

2. 个人故事

3. 轶事插图或类比

4. 引用

5. 提问

6. 展望未来

7. 回顾过去

8. 讲笑话（说得好像是真的，陈述商业观点，恰到好处，正确抖包袱）

O（一个主题，火箭或项链）

一个信息、一个任务、一个主题，但是你可以用多种不同的方式来讨论这个主题

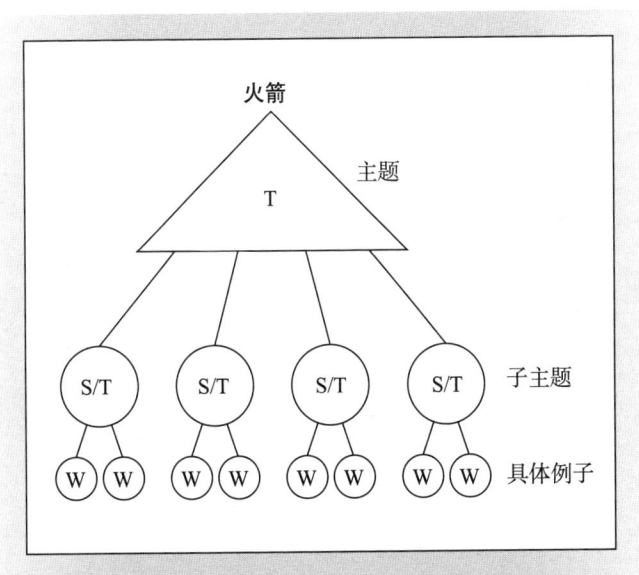

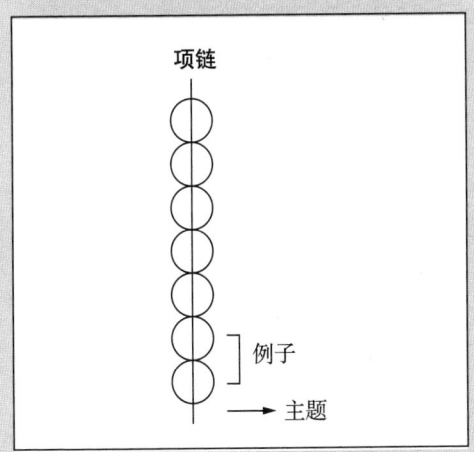

第 8 章　像设计火箭一样设计你的演讲

```
            火箭
           ╱╲
          ╱  ╲         主题
         ╱ T  ╲
        ╱_____╲
       ╱ │  │ │ ╲
      ╱  │  │  │ ╲
     S/T S/T S/T S/T    子主题
     │ │ │ │ │ │ │ │
     W W W W W W W W    具体例子
```

```
          项链
           │
           ○
           ○
           ○
           ○
           ○
           ○ ┐
             ├ 例子
           ○ ┘
           │ → 主题
```

W（窗户）

具体的例子、插图和轶事提供证明。这样做可以让听众真正了解你的演讲内容

E（倾听）

保持对话的风格，不要高谈阔论

R（记忆深刻）

1. 总结要点
2. 呼应开头
3. 呼吁采取行动
4. 关注积极的方面
5. 坏消息/好消息
6. 展望未来
7. 讲述一个能凸显主题的故事

3

演讲技巧的刻意练习

The New Articulate Executive

第9章

如何俘获听众的心

18分钟：听众注意力的持续时间

如果你不了解以下这个简单而关键的自然法则，那么你的所有计划、才能和良好的执行力都将是徒劳的。

20世纪70年代，美国海军进行了一项研究，以了解人们能集中注意力听他人说话多长时间。该研究的目的是在整个海军教育体系中更充分地利用教官和学生的时间。研究得出的结论让很多人感到惊讶：既不是一个小时，也不是半个小时，而是18分钟。研究人员发现，在课堂、讨论或教学环境中，听众能够集中精力听演讲者说话并记住所说内容的能力在18分钟后直线下降。遗憾的是，今天很少有人知道这项研究或由此得出的重要数据。如果我们知道，我们每年就将节省数不清的被浪费的时间,挽回数不清的生产效率损失。

但出于各种原因,我们无法将我们必须说的内容控制在18分钟之内怎么办?我们发现在现实生活中,尤其是在商业领域,演讲时间往往会超过18分钟。例如,我们经常看到董事会陈述、分析师报告以及新业务演示会持续40多分钟或更长时间,有时可能需要一整个上午或一整个下午,甚至偶尔还需要一整天,这种情况并不少见。

绕过18分钟之墙有以下五种方法。

1. 加入问答环节。在15分钟之内讲完你所有的基本内容和要点,然后留出30分钟进行问答,以了解你觉得可能需要进一步解释或充实的细节和内容。顺便说一句,如果你觉得你在演讲时的表现并不是特别好,那么问答环节就是挽救的绝佳机会。我们大多数人在问答环节往往会表现得更好,因为在这个过程中我们可以做自己,最有可能采用对话式风格。我们可以与听众建立更融洽的关系,并强化有利于达到演讲目的(如寻求支持、要求制订行动计划、寻求帮助和寻求许可)的观点。

2. 增加发言人。先请一位同事做两分钟左右的演讲,以强调、解释或详述特定的专业知识,然后你再上场。18分钟结束后,你可以重复这个过程,但是人类的本性决定了你无法成功地使用这个策略三次。或者你也可以采用与这位发言人交替演讲的策略,只要你们的演讲看起来是流畅且未经排练的即可。

3. 鼓励听众提问并准备好与听众互动。你甚至可以先问一个问题,例如,"你最后一次问自己'五年后我在哪里'是什么时候"或

"你认为你的公司六个月后会发展到什么程度"。

这种方法的缺点是对话可能会失去控制。要想使演讲成功,你必须是一个很好的引领者,就像美国公共电视网(Public Broadcasting Service,PBS)的查利·罗斯(Charlie Rose)或美国全国广播公司(National Broadcasting Company,NBC)的《与媒体见面》(Meet the Press)等节目的主持人一样,能将对话拉回正轨,回到重点。

4. 播放视频。带上存有公司简介、新的生产工艺、新研发的设备的视频,以及与上述内容相关的新闻短片和其他演讲者的视频片段等内容的 DVD、CD 或硬盘。在演讲过程中,你可以选择合适的时间来播放这些视频(但从事金融服务的人可能不喜欢你这样做)。视频最多播放 10 分钟,可以作为你演讲内容的补充。然后,你就可以放心地再讲 18 分钟了。

5. 用一分钟时间讲一个商业故事。你可以接受大师们的建议,通过讲故事(可以是你的回忆、你在电视或报纸上看到的内容,也可以是别人告诉你的事情)来阐明你的主题。这就是成功的演讲者能够独自掌控舞台长达两个小时的方法,因为他们正在谈论一个被志同道合的听众一致认为具有重要意义的主题,他们用恰当的例子生动地强调了他们唯一的关键信息。

两个关键的八秒

八秒法则能够确保你的演讲有一个很好的开始。掌握八秒法则有助于你很快成为一位优秀的演讲者。

八秒法则

在牢牢记住重要的 18 分钟之墙后，我们现在学习快速开始演讲的八秒法则。八秒法则承认了一个关于人性的法则，即大多数人在八秒钟之内就能决定一位演讲者的话是否值得一听。换句话说，开场很关键，要抓住机会让听众对你和你的演讲感兴趣。

开场白要精彩。不要说死板的客套话，例如，"谢谢。大家早上好。我很高兴今天能来到这里……今天我想谈谈……"正如我们一直在说的，大多数发言、演讲和讲座都是这样开始的，但这不能成为我们也采用这种方式的借口。事实上，让我们区别于他人的一种方法是展示出我们的独特性。优秀的管理者即使在团队环境中也会重视差异。如果与众不同意味着我们可以更有效，那么谁会批评我们的与众不同呢？

没人会因为你说了"谢谢"而批评你，你当然可以说。"谢谢"表现了你的友好，但在我看来，跳过"谢谢"并直奔主题会更好。

尽量在八秒钟内将信息表述清楚

在一位优秀的演讲者所具备的所有优点中，没有什么比简洁更有价值了。一个多世纪前，马克·吐温收到了一位出版商的电报。电报上写着："需要两页的短篇小说，两天时间完成。"马克·吐温回电："没有人可以在两天内写两页小说。两天可以写 30 页，但写两页需要 30 天。"

第9章　如何俘获听众的心

> 有时候，越短越难。但通常越短越好，因为它浓缩了重要信息，这样我们就可以更清楚地阐述主题，同时减少了需要倾听的时间。

用尽可能短的时间将信息表述清楚是我们在这个时代必不可少的技能。例如，我的一个朋友被叫到老板的办公室去参加一个大约需要半小时的会议，但当他走出电梯时发现老板正要上另一部电梯。老板招手示意让他一起走。

老板解释说临时出了点状况，会议取消了，所以我的朋友不得不在20秒钟（也就是电梯到达一楼的时间）之内讲完原本需要半个小时讲完的内容。他必须明确他要说的关键信息，并在脑海中编辑好，以确保不会遗漏任何内容、不添加任何无关紧要的内容，然后清晰、简洁、自信地将它们说出来。幸运的是，他参加过我的课程，这难不倒他，他知道如何在高压下集中精力实现目标。

有趣的是，人们在培训课程中练习使用八秒法则（从3分钟缩短到8秒钟）时惊讶地发现，即使讨论最简单的话题，他们也经常会使用一些不必要的句子。令他们更惊讶的是，当他们尝试反转这个过程（将8秒钟延长到3分钟）时，40秒钟就已经是极限了。

我的客户都会在参加领导力沟通培训课程时练习使用八秒法则。任何人都可以参考以下步骤，在家里练习使用八秒法则。

1. 选择一个适时或紧迫的话题来讲三分钟。 表明你的立场，给出你的观点。不要只摆出事实或给出一系列没有证据支撑的松散概念。例如，与其说"21世纪的全球化"，不如说"我们国家的发展情况取决于我们在21世纪主导全球市场的能力"，这才是一个立场。

2. 陈述你的观点。写下一些想法，确定一个合乎逻辑的流程来遵循。详细说明你计划采取的详细步骤，然后把你的笔记放在一边。在头脑中过一遍你的想法，然后对着镜子或摄像机开始演讲。时间控制在3分钟以内，一秒钟都不能超过。

3. 减去1分钟，在两分钟内做同样的事情。然后在1分钟、30秒、20秒、10秒内做同样的事情，最后减少至8秒。

压力下不失优雅

格蕾丝是我的一位客户。有一次，她乘坐的航班由于恶劣的天气无法在曼谷降落。她被公司从纽约派往泰国，为一份价值数千万美元的合同向那里的人们和商界领袖做演讲。她的航班比原计划晚了两天到达，其他公司的人都已经做过演讲了，泰国的官员们也已经有了决定，不愿意见她。最后，一个委员会的一些成员同意在酒店大堂见她一面，但只有20分钟时间。

进行一场完美演讲的希望落空了。她知道她必须放弃原来的计划，放弃提前准备好的演讲稿和PPT，放弃精心的编排。她现在要做的是快速思考，集中精神，快速重组、精简、编辑和提炼她要讲的内容。接下来，她要与一群完全陌生的人面对面交谈20分钟。

由于时差,她当时感觉像熬了两个通宵,头晕眼花。但她知道事关重大,不能草草了事。她知道,公司的前景和她的职业生涯都会受到这次会面的影响。她强忍着时差反应,理清思路,强迫自己集中注意力。

泰国的领导人在到达酒店大堂后都表现得彬彬有礼,但他们拒绝坐下。他们想让格蕾丝知道他们赶时间,会议必须站着举行。为了强调这一点,他们还特意看了看手表。会议仅用了15分钟就结束了(原本她打算讲一个小时甚至更长时间)。他们一走,格蕾丝就瘫在了椅子上,担心自己搞砸了。

但在第二天准备返程之前,她惊喜地得知,她居然击败了其他七家供应商,赢得了客户!直到今天,她仍然将成功归因于她熟练地应用了八秒法则。

在练习使用八秒法则时,最难的是从30秒开始缩短时间。当你缩短到20秒的时候,你就接近了播音员所说的典型的18秒金句了。10秒是真正难啃的硬骨头,8秒是人类所能接受的最大极限。

突破了八秒的极限,你就抓住了你所讲内容的精髓,这个陈述句、短语或想法包含了你的主题,这就是你希望传递的信息。通常,当人们告诉我他们不清楚他们的主题是什么时,我会让他们练习使用八秒法则。无论你的信息是什么,它都会在八秒法则的聚光灯下显现出来。即使你还不清楚你的关键信息是什么,你也可以肯定它每次都会自己显现出来。

如果你想让练习更有趣,你也可以请别人来为你的演讲计时,并帮助你将时间缩短到八秒。

请你好好练习使用八秒法则，以备在下次遇到意外状况（例如，在一次重要的商务会议上，你不得不放弃精心制订的计划）时能够直奔主题。

练习使用八秒法则可以使我们的表达变得更简洁和清晰。简洁和清晰使我们能够更快速、更容易地传递重要信息，使听众能够更容易获得并记住这些信息；可以节省时间，提高生产效率，增强领导能力；可以成为将单纯的信息转化成知识的催化剂。

直奔主题

练习使用八秒法则可以让你直奔主题，也就是说，你可以马上说重点。一些律师、会计师、销售人员习惯于花时间得出一个优雅的结论来解释他们的观点（缓慢地传递最终的信息）。如果他们忽略了18分钟之墙并且不知道如何越过它，他们可能就会不知不觉地进入危险区，而且永远意识不到自己的处境。

演讲时直奔主题可以降低风险。就算你被打断或被叫停，或者你的时间不够用了，你也不必担心，毕竟你已经表明了你的主题。如果你没有被打断，那么你可以放松一些，用剩下的时间解释你是如何得出你的结论的。

练习使用八秒法则可以让你确切地知道应该如何开始。不仅如此，这个过程还体现了POWER公式五个要素中的三个要素：标题（抓人眼球）、基本观点（关键信息）和最后一行（结论）。正如你所看到的，这同时也是你的开头、主题和结尾。

一旦你知道了你真正想要表达的观点，你就可以用它来开头和结尾（大多数领导者都知道这样做的优势，并经常在演讲的开头和结尾解释他们想要什么，如行动计划等）。

我们再来看看刚才提到的关于全球化的例子。请你练习使用八秒法则，标题、基本观点和结尾都是相同的内容："我们国家的发展情况取决于我们在未来25年内主导全球市场的能力。"这就是说明一切的关键：用一句话阐释一个大概念。有了这句话，你就可以建造一枚火箭或制作一条项链了。

第 10 章

用好 PPT，助力直击人心的演讲

PPT 悖论：寻找适合你的视觉辅助工具

如果说 POWER 公式是完美演讲的架构，那么视觉辅助工具则是地基。

高管在演讲时应尽量避免使用视觉辅助工具。事实上，我希望你们都谨慎使用视觉辅助工具。但是，它的使用如此广泛，需求如此之大，如此多的人依赖它，所以我们最好不要再假装 PPT 没有出现在会议室里，请你现在就诚实地面对它吧！在所有导致演讲失败的因素中，没有比错误使用 PPT 更糟糕的了。

与过去相比，PPT 是一个巨大的进步。问题不在于 PPT 本身，而在于很多人不知道如何正确地使用它。用得好，它可以锦上添花，成为一种资产；用得不好，它可能就成了一个问题，而不是一个解决方案，并且会让我们重蹈过去使用透明幻灯片和幻灯机的覆辙。只是现在有更多的颜色、风格和式样供我们选择和使用。一些专家就经常深受其害。

崩溃的专家

我曾经参加过一场专题讲座，其中一位发言人是作家和地缘经济学专家，他在一所知名商学院任教。他的运气不好，发言被安排在午餐后，而且他还让情况变得更糟了。他先是关掉了会议室的灯，让我们几乎完全处于黑暗之中，顿时，全场一半的人几乎都睁不开眼睛了。400名吃得饱饱的与会者坐在舒适的座位上，体内的内啡肽激增，困意迅速袭来。

然而，那位专家并没有叫醒我们，而是躲在讲台后面，埋头读起了讲义。屏幕上是一张几乎全是文字的PPT，他在逐字逐句地照着读。三分钟后，他还在讲第一张PPT，但现在他似乎已经跑题了。我已经把那张PPT读了五遍了，上面有八段话，我想他可能才读到第五段，但我不太确定。我当时只觉得很无聊，也不知道他在说什么。我想知道当时有多少人也和我有同样的感受。

又过去了痛苦的几分钟。我们和"睡魔"一起被锁在这间会议室里。等那位专家意识到这种情况时，一切都为时已晚。那些没有打瞌睡的人眼巴巴地盯着出口，有些人已经溜出去了，而当时距离这场"灾难"开始还不到五分钟。

屏幕上出现了一张新的PPT，上面有四个独立的图表和数百个数字和文字，小到前排的人都看不清。那位专家还在不停地说，但台下有一半人都睡着了，或者他们只是麻木了，闭着眼睛思考其他事情以摆脱痛苦。接下来是更多难以理解的PPT，更多的文字PPT。他是在阅读，还是在解释？这个人在说什么？他想说什么？只有我这样觉得吗？我是班上最笨的学生吗？还是别人和我有同样的感受？

我很想知道，他平时就是这样讲课的吗？最后我实在受不了了，就从过道溜了出去。几乎同时，还有一个人也逃了出来，我们开始互相慰问。还有一些"逃兵"和"难民"也跑出来了。事实证明，不是我一个人觉得有问题。我们都在摇头，想弄清楚刚刚发生的事情或者没有发生的事情。我们的结论一致：一个聪明人做了一场愚蠢的演讲。更糟糕的是，尤其是对那些没有勇气离开而坚持到底的人而言，我们后来听说讲座持续了两个小时。

这是人生的又一课，它告诉我们，当我们把生产效率托付给那些有善意却不知道如何更好表现的人时会发生什么。在这个例子中，坦白地说，他的讲座毫无特色、创意和风格可言。最具讽刺意味的是，那天晚些时候，当这位专家知道我是一名高管沟通教练后，他在酒店大堂找到我，问我觉得他的讲座如何。我当时完全说不出话来。最后，我说这是我听过的最不寻常的一次讲座，可能让我永生难忘。我提了一些小建议，但他看起来很不高兴，然后走开了。

演讲时永远不要做的十件事

通过分析这位教授的尴尬表现，我发现了一些常见的罪魁祸首，并针对演讲提出了以下 10 条建议：

- 不要关灯，尤其是在午餐后；
- 不要使用文字 PPT；
- 不要让你的演讲占主导地位；
- 不要使用没有人能看懂的 PPT；
- 不要跑题；
- 不要照本宣科；
- 不要占用人们的时间，除非你可以提供他们用得上的信息；
- 不要让听众看不见你；
- 不要不停地说两个小时；
- 不要把一个可能很有趣的故事讲得乱七八糟。

在人们依赖透明幻灯片和幻灯机的年代，"不可做之事"清单很长。令人高兴的是，如今这份清单短了很多，规则也变得更简单明了了。

你可能会惊讶地发现，这些规则实际上都非常简单。

1. 开始和结束时只有你在说话。换句话说，不要用 PPT 开始或结束你的演讲。为开场白和结尾加上 PPT 可能会适得其反。请将所有的图表和图片都放在演讲中间，这样你就可以用引人入胜的开头和令人印象深刻的结尾来自由地掌控这场演讲了。

2. 删除所有满是文字的 PPT。这并不意味着不要它们了，只是意味着它们不再出现在屏幕上，而只出现在文档或硬盘中。

3. 在播放当前幻 PPT 介绍下一张 PPT 的内容。先让听众了解你接下来要讲的内容，然后再切换到下一张 PPT。

是不是很简单？正如你所看到的，这些规则非常实用。但我要说的是，尽管这三个规则简单且行之有效，但即使在今天，它们也经常在那些成立已久、自鸣得意且拒绝变革的组织中遇到阻力。

用好 PPT 的三个规则

规则 1：奥利奥法则

还记得 POWER 公式吗？"奥利奥"的最上层代表你有机会拥有一个引人入胜的开头。你可以在屏幕上显示一个标识或你的名字、头衔和标识等信息，这样当你开始使用 POWER 公式时，听众的注意力会很集中，他们的眼中只有你和你的个人故事、轶事、提问、开场方式或标识，这就使你从一开始就与你的听众建立起紧密甚至是私人的关系。

这里有一个只有最成功和最老练的演讲者才知道的小技巧：一定要在展示第一张 PPT 之前概述你要讲的内容。这样，即使某些不可预见的事情中断了你的演讲或你的时间不够用了，你也已经把想说的都说了。即使你只进行了几分钟的演讲，人们也会知道你想说的所有内容。他们会知道你的主题，他们会知道挑战及其解决方案。

假设你还有时间或者没有被打断，你也可以说"正如你在这里看到的那样……"或"看看这里……"或"那我们是怎么知道这些事情的呢"，然后单击遥控器，在屏幕上显示第一张 PPT。

"奥利奥"的中间层，也就是奶油层，是图片、表格、示意图和其他有助于证明主题的视觉资料。这是你展示大量证据来证明你的论点的地方。

最下层是令人印象深刻的结尾。当你展示完视觉支持证据（奶油层）后，你可以说"这一切都归结于……"或"归纳起来，我们可以得到……"或"我想说的是……"或"重要的是……"，然后最后一次点击遥控器，屏幕上再次弹出开场 PPT 上出现的标识和姓名等信息，也就是"奥利奥"的最上层，这时所有人自然会重新关注你和你想说的内容。他们没什么可看的了，因为你把 PPT 关了，现在一切又在你的掌控之中了。这是一个重要的时刻，此时，你可以完成一个令人印象深刻的结尾。

所以，你是"奥利奥"的最上层和最下层，最上层和最下层都必须结实。证据是奶油层（在这种情况下，不是布丁）。如果所有人都喜欢"奥利奥"，那么他们也会喜欢你。这是好消息，特别是如果你精心制作的甜品有了订单、卖给了投资者或者达成了交易。

规则 2：删除文字 PPT

如果删除了文字 PPT，那么我们还有什么呢？有图表、示意图、照片和其他有助于证明主题的视觉资料。这就是我们所拥有的一切。

那些展示给人们的东西很珍贵，我们需要明智地使用它们。我们希望确保我们展示的每张 PPT 都可以反映、支持和阐明主题，当然

领导者演讲力
The New Articulate Executive

也希望它们对演讲者有用。正是这样，文字PPT可能就没有被留下来的理由了。

你应删除有标题、议程以及无数满是句子和段落的页面，甚至是项目符号（但你可以将它们保存为电子文档，存储在硬盘里）。我要再次重申的重要一点是，并不是让你彻底抛弃文字PPT，你可以将它们存在文档中。如果你愿意，你可以将这个文档用作讲义（请在演讲结束之后发给听众）或问答环节的参考资料。

现在，你在屏幕上看到的PPT看起来与你最初使用的全是文字和多余数据的PPT有很大不同。大多数人都非常依赖文字PPT，突然让他们删除PPT可能会遭到反对。但文字PPT可能会造成毁灭性的影响，它们是悄无声息的寄生虫，会从你的演讲中吸走营养，而你可能永远不知道它们的存在。

很多人都认为文字PPT能让演讲的效果更好，认为屏幕上的文字能够为演讲锦上添花，但事实并非如此。事实上，文字PPT会严重影响演讲的效果，并给听众留下冗余拖沓的印象。

但这还不是最糟糕的。由于眼睛要比耳朵强大得多，因此只要给人们一个理由去阅读屏幕上的文字和段落，他们就会这样做。这会令你陷入与你自己的PPT竞争的尴尬境地，因为人们无法边听边读。你瞬间就无法与你的听众保持同步了。在那一刻，你的声音变成了噪音。

在任何情况下，你都不要让你的演讲变成背景噪音，也不要让人们觉得你是多余的，更不要让人们感觉你还不如给他们发送一份备忘录，这样还可以节省时间和精力。

如果你说的话要与听众在屏幕上看到的文字竞争，那么那些文字一定会胜出。

项目符号也可能是个问题。我阅读这些条目的速度比你单独讲每一条快得多。因此，当你刚讲完第一条时，我可能已经读完了所有条目，现在我想接着往下看。如果我看到还有七条没讲，我可能就会像大多数人一样变得不耐烦。如果你想要变得有趣一些，例如一次只展示一条，那么我会很抗拒，因为我不知道还要忍耐多久才能跳过这张PPT。所以，文字PPT可能会让你的听众讨厌你。如果你面前是一群重要决策者，你想要拉近与他们的距离或获得他们的支持，那么文字PPT可能会带来巨大的灾难。更糟糕的是，我们有很多时候必须看那些有大量文字的PPT，却因为字太小而根本看不清楚。

最重要的是，如果你想被视为领导者、权威人士或任何类型的决策者，甚至只是想被认真对待，那么文字PPT就是一块巨大的绊脚石。当你播放文字PPT时，你发出的信号是你无法在没有提示的情况下谈论你的主题。听众会认为如果没有这些PPT，你就会跑题、不知道该说什么、不确定接下来会发生什么，或者你的演讲内容是你的下属或同事帮你准备的，即使事实并非如此。

你的听众甚至会怀疑你用的是你们公司的PPT模板文件。残酷的事实是，任何人都能使用模板文件。我可以替你演讲，你也可以替我演讲，我们只要照本宣科就行了。这意味着，从听众的角度来看，你可能与价值主张没什么关系。经验告诉我们，在你的听众愿意购买你的产品或服务，或者愿意追随你的领导之前，他们必须愿意为你买单。如果他们认为没有必要为你买单或者很难为你买单，那么你的价值是什么呢？

文字PPT最终将消耗掉你的天赋、经验和聪明才智。这就是为什么很多专家看起来或听起来都像外行，为什么很多交易都以失败告终。过度使用文字PPT可能是导致各类演讲效果不佳的主要原因。

规则3：讲完再展示

这样做能够确保你能控制你的演讲，而不被演讲控制。

明智的做法是在播放下一张PPT之前先介绍一下它的内容，而不是先播放它再介绍其内容。因为如果先让听众看到内容，你再开始讲，你可能就无法掌控全局，而你的文字PPT会掌控你。你显然是在让你的文字PPT告诉你该说什么以及什么时候说，而这是你需要避免的。你肯定不希望你的听众认为如果突然停电了，你就没法往下讲了。

我们当然要讲完再展示，而不是展示完再讲。诀窍就是抛出一句介绍性的话，哪怕只是一句话，为接下来的内容做铺垫。我们将这句话称为导语。假设所有文字PPT都已经归档，它们不再会出现在屏幕上，减慢你的速度和打乱你的演讲，你的导语将提前告诉我们下一张PPT上有什么商业信息，也就是说，我们在看到这张PPT之前就能知道你要讲什么。这会让人觉得你像一名优秀的律师，正在向陪审团提出一个观点，并给出支持它的证据，一切都在你的掌控之中。你清楚地表明，你不需要文字PPT来告诉你该说什么（稍后我们将介绍如何弥补文字PPT的缺失）。

那我们应该如何准备导语呢？导语其实就是对下一张PPT中的商业信息或你想让人们记住的关键点的简要总结，它强化了主题。例如，如果你的主题是全球化的必要性，而下一张PPT显示的是国内市场份额与去年同期相比有所下降，那么你的导语就可以是："我们又有了一个加快进入全球市场的理由，那就是在两个月前，我们的市场份额与去年同期相比下降了两个百分点。"然后，你可以播放下一张PPT并暂停一下，让所有人仔细看看这张PPT并找到头绪。这时，你可以提醒他们关注去年的峰值和今年的低点，并指出PPT上的预测表明公司不需要继续在国内市场下功夫。

假设你的下一张PPT显示了巴西试点市场的销售额和市场份额都在上升，那么你在播放它（屏幕上仍是当前幻灯片）之前就可以这样说："相比之下，自两个月前我们在巴西推出第一款产品以来，我们在那里的市场份额增长了近一倍，正如你在这里看到的……"然后，你再点击播放这张PPT。他们现在看到的正是你告诉他们将看到的内容。两张PPT和导入语能支持主题。

此时，那些多年来一直依赖文字PPT获得提示和缩短准备时间的人一定想知道，如何在没有文字PPT的情况下做一次精彩的演讲。

实际上，这很简单。你只需要准备一张提示卡就可以了。有些人

领导者演讲力
The New Articulate Executive

喜欢准备一张 A4 纸，在左侧打印出缩小的 PPT，然后在右侧写下每张 PPT 的导语，以防忘记。演讲时，他们通常把这张纸放在旁边（如凳子和桌子上）或他们的正前方，以获得提示。理想情况下，如果你真的了解你的演讲内容，你可能根本就不需要这种提示卡。

以下我将为你介绍使用上述规则的例外情况。

规则的例外情况

以讲话开始、以讲话结束也有例外情况。有时为了获得更好的效果，你可以在演讲之前快速播放一组由照片（如新产品的照片、新公司总部的照片以及逆风而行的帆船、征服天空的跳伞员或征服巍峨高山的登山者等展示新主题的图片）组成的幻灯片，还可以加上音乐。

当然，你也可以不使用 PPT，而使用一段有背景音乐的短视频，以获得更多的关注。我的一位客户在参加一家大型企业销售和营销部门的年会时是以这样一段视频开场的：一辆法拉利汽车伴随着其引擎的呼啸声直接冲向听众，然后消失在一阵轰鸣和一团尘土中。这些画面令人眼花缭乱，为快速地传递以下信息奠定了基础：世界瞬息万变，我们必须学会以更快的速度取胜。在为期三天的会议中，这位客户的演讲、他本人和他所传递的信息从那些平淡无奇的演讲中脱颖而出，给听众留下了深刻的印象。这正是视觉化方法带来的附加值。

不要使用文字 PPT 这个规则的例外是，在大会议室中，我们也可以使用由简单文字构成 PPT，但仅限于使用超大字号。例如，如果你在礼堂中演讲，PPT 上就可以只有一个字号超大的词，如生产效率

（或盈利能力）。这样，哪怕是坐在最后排的人，即使不能像坐在前面的人那样参与互动和听得清楚，也能知道发生了什么。

制作清单也可能是个好办法。例如，如果你在谈论人员、产品或服务时不能或不想使用照片，那么将所有项目放在一起展示可能更有效。假设你想突出展示某些产品，但又想表明它们只是众多产品中的一种或几种，那么你可以先说一些关键产品，然后请听众看一看其他产品的清单（字号要足够大，确保后排的人能看得见）。

如果你想与听众分享你从报纸上摘录的内容或其他一些合适的引用，就请确保它们在PPT的字号足够大。例如，你可能希望听众了解你所在行业的意见领袖的观点，因为这个观点可能与你想表达的观点有直接关系。为了引入他的话，你可以说："很少有人注意到这种情况已经发生了，也很少有人理解这意味着什么。但杰克·布莱克（Jack Black）注意到了，他向我们行业中的所有人发出了如下警告……"然后，你就可以给出杰克·布莱克的观点了。

请注意，使用文字PPT（如引用）的规则非常重要。如果你想让人们读一些东西，那么你就必须闭上嘴，给他们一个阅读的机会。例如，如果你没有合适的导语，而且没有停顿几秒钟让人们理解你说的内容，那么你的引用就没有意义了。你要让人们完全理解你引用的内容的含义。不要在人们阅读时大声读出这些内容，甚至不要解释，请人们自己阅读，然后你再继续你的演讲。要想避免内容冗余带来的麻烦并正确使用文字PPT来强化效果，那么在该沉默的时候保持沉默是唯一的方法。

领导者演讲力
The New Articulate Executive

在播放 PPT 之前，你可以这样引用杰克·布莱克的话："布莱克上周警告说，目前的经济基本面并不支持可持续增长，经济衰退可能在年底前到来。"

现在，让我们看一看屏幕上应该出现哪些内容。我指的是"奥利奥"的奶油层。

> 平均而言，你可能希望你的幻灯片不超过七张或八张，其中不包括我们之前提到的展示标识和姓名等信息的第一张和最后一张幻灯片。

如果你刚好是一位首席执行官，你甚至可能忘了如何使用 PPT，毕竟在公司的职位越高，你从视觉辅助工具中获得的价值就越小（前提是正如我所说的，你了解游戏规则）。除了极少数例外，领导者永远不应该依赖 PPT。他们应该将使用 PPT 的机会留给下属，而完全借助 POWER 公式的力量，不使用任何形式的视觉辅助。但首席投资官、首席财务官、首席技术官和首席运营官等高管则可能受益于 PPT，前提是他们能够按照本章提出的指导原则谨慎地使用 PPT。

> 你越依赖 PPT，听众就越可能认为你不是领导者。

如果你打算使用视觉辅助工具，你的目标应该清晰：每一张 PPT

都必须有一个明确的观点来支持主题（预测、变化、趋势和解决方案）。不要使用任何提供无关信息或数据（如无法说明情况的数据组）的 PPT。你可以将与演讲无关的 PPT 保存在硬盘或文档中。

一张图片确实胜过千言万语。一张能说明很多问题的简单图片比没什么内容和意义的复杂图片要好过千万倍。

演讲中使用 PPT 的指南

1. 保持简洁，每张 PPT 上只有一个要点。人们常犯的一个错误是，认为只要在一张 PPT 上呈现大量数据、各种图片和项目符号就做到了高效，是在帮助你的听众。但事实是，PPT 上的内容越多，它就越难理解（更不用说内容越多，数字和字母的字号就越小了）。你把信息处理复杂化了。如果听众没听懂，PPT 的张数再少又有何用？

你堆积的信息越多，听众越有可能分心，越有可能与你不同步，越有可能感到困惑和沮丧。

你提供的信息越多，就越有可能偏离主题而陷入混乱，并最终告诉你的听众更多信息——比他们想要或需要知道的多得多。

在大多数情况下，你可以轻松地将最复杂的 PPT 拆分成几张简单的 PPT。

上述规则的例外情况是，设计工程师、科学家、教师或技术人员有时必须展示复杂的示意图，如喷气式发动机的设计图、复杂的电气图纸等。没关系。在这种情况下，需要展示设计或解释问题、解决方案的示意图可以一直留在屏幕上。

在以下情况下，一张堆满数据的幻灯片也可能很有用：

- 如果你想故意混淆视听而不是澄清事实（例如，如果是坏消息，你觉得没必要告诉所有人）；
- 如果你想让听众觉得问题很复杂、现有信息太多、某些流程很愚蠢；
- 如果你想表明你的建议和结论来自深入的研究；
- 如果你不打算让听众细读每一句话或核实每一个数字，而只是想提出一个有效的观点。

此时，杂乱可能很有用。更省事的做法是加上这句话："所有这些数据只告诉我们一件事……"

2. 只使用图形、示意图、表格、插图或照片。彩色比黑白好。我所说的原色，如蓝色、绿色、红色、橙黄色、黑色和紫色（请谨慎使用），通常比轻淡柔和的色调更好。白色或黄色的文字和数字搭配宝蓝色或黑色背景就很不错。白底黑字的效果不那么好。蓝色或黑色背景比白色背景更可取，因为墙上的白色灯光会很刺眼。整体颜色应保持一致，例如绿色代表你的公司，黄色代表竞争对手，橙色代表行业规范。

3. 每一张 PPT 都要有其存在的价值。如果你想知道你应该使用哪些 PPT，你可以问问自己：这张图片是否有助于证明我的观点或支持我的主题？例如，它是否反映了一种新情况、一种普遍的情况或合理的预测？是否支持主题？

4. 最简单的往往是最有用的。 趋势线、条形图、流程图、关系图和饼图都很实用。动态图的确很有趣，但是如果它们太令人眼花缭乱，听众可能就不会仔细听你说了什么。

5. 一张图片，一个概念。 例如，你可能想展示一张对比近两年来市场份额增长的图。常规的做法是并排展示两个饼图，这是可行的（在屏幕和演讲稿中都可以）。但如果使用屏幕展示，最好先展示第一年的饼图，然后再展示第二年的。分别展示两张图的好处包括：

- 屏幕上的图片至少是原来的两倍大，听众一目了然；
- 概念是单独存在的，我们可以一次只讲一年的情况，这让我们有时间分析饼图中的各个小块以及它们与整体的关系；
- 当第二张图片出现时，我们能清楚地看到两者之间的显著差异。

6. 确保你使用的图形（如饼图）的大小能够反映公司规模的变化。 例如，假设七年前，你们公司 28% 的收入来自国际食品业务，如今这个业务的收入百分比已经增长到 47%；与此同时，你们公司还收购了另外两家消费品公司，公司现在的规模是七年前的三倍。为了体现这种巨大的变化，你的对比图形（第二张图片）看起来应大约是第一个图形的三倍大。因此，对比 PPT 不仅显示了收入的变化，而且显示了规模的变化。

7. 好消息用图形，坏消息用表格。 图形比表格（只呈现原始数据的图形）更容易理解。图形直观地反映了数字背后的含义和数据试图告诉我们的信息。所以，如果你展示的是图形，听众可能很快就会抓住你的要点。相比之下，表格是一组数字，通常是很多数字，而且很难一眼就看懂。表格常常让人感到困惑，而图形常常让人一目了然。

如果你不想细讲一个难题，但又不得不讲，那就使用表格吧。

选择表格和图形也有例外情况。分析师等金融服务人员喜欢使用表格，不喜欢使用图形，所以他们在演讲时（如首席财务官和分析师做报告时）通常选用表格。毕竟，这是他们从高中开始学习经济学课程一直到商学院毕业养成的习惯。但如果听众是非金融人士，那最好使用图形。

8. 避免杂乱。删除占用图形 PPT 空间的项目符号、文字和脚注（除非另有规定）。保留 PPT 的原始版本，包括所有文字和项目符号。删除不重要的数字和日期。

现在，你有了一张整洁的新 PPT，你可以放大图片，直至它填满整个屏幕。这张图片本身就可以给人留下深刻的印象，它可以产生更大的影响，人们也更容易看懂，也就是说它对听众的心理产生了积极的影响。你可以口头描述从 PPT 上删除的文字。换句话说，你可以将听众本来必须阅读的内容说给他们听。

9. 突出显示重要的数字、列、部分或者你希望听众关注的任何内容。你可以使用不同的颜色、更大的字号或者同时使用它们。绿色代表好消息（如利润和上涨）；而红色代表坏消息（如损失或下跌）。

10. 删除带边框 PPT 上面和右面的边框，这样你可以放大图形，将焦点放在概念上。有些人胆子更大，干脆把下面和左面的边框也都删除了。

11. 做个优秀的向导。在说完你的导语、下一张 PPT 出现在屏幕上之后，请告诉你的听众他们应该看什么。例如，"请看第一列最下面的数字，这是我们要完成的目标"，或者"屏幕右上角的红色三角形告诉我们，美国国内的房地产市场即将暴跌"。

即使你将重点内容用不同的颜色标记出来，你的听众也可能无法解读它们，所以请你务必向听众解释他们不清楚的内容。例如，"橙色的线代表行业平均水平；黄色的线代表与我们能力不相上下的竞争对手；绿色的线代表我们公司。正如大家所看到的，我们公司的业绩在去年第三季度呈急剧上升的趋势"。

12. 添加一张空白 PPT。当你需要花点时间来谈论一些与上一张 PPT 无关的内容时，你可以添加一张空白的 PPT（宝蓝色或黑色）。花几分钟时间讲与主题不一致或无关的内容显然对你没什么帮助。当你说完你想说的话时，请先简单介绍下面的内容，然后继续播放 PPT：

> 实践上述指南之前，我们先来看一些相当常规和普遍的做法。

对于习惯于只使用表格的会计师或财务经理而言，表 10-1 可能就足够了。但是，对于只对总净收入感兴趣的非金融听众而言，我们可能需要重新设计表格的一部分，如图 10-1 所示。

表 10–1　　　　　　　　　损益表

单位：千美元（除每股数据）

	2018 年	2019 年	2020 年	2021 年	2022 年
运营数据声明					
新收入					
小部件	3016	5834	9999	12 720	14 821
小玩意	4	1302	1836	2960	5815
其他	—	150	112	676	664
总净收入	3020	7286	11 947	16 356	20 800
毛利润	1734	4664	7864	10 288	1351
费用					
销售	1933	2618	3364	4008	4958
营销	151	87	246	1035	1433
研发	657	493	966	1667	1899
一般性及管理支出	1535	1331	2129	2518	3171
总费用	4276	4529	6705	9228	11461
税前收入（损失）					
国际业务费用，净额	（2542）	135	1159	1060	1890
国际运营费用，净额（1）	—	181	460	464	943
净利息收入（费用）	（114）	57	57	（12）	85
预提所得税（2）	—	—	6	30	24
净收入（亏损）	（2656）	11	750	554	1008
每股净收入（亏损）	（1.24）	—	0.20	0.14	0.25
加权平均流通股	2148	3514	3707	3906	4095

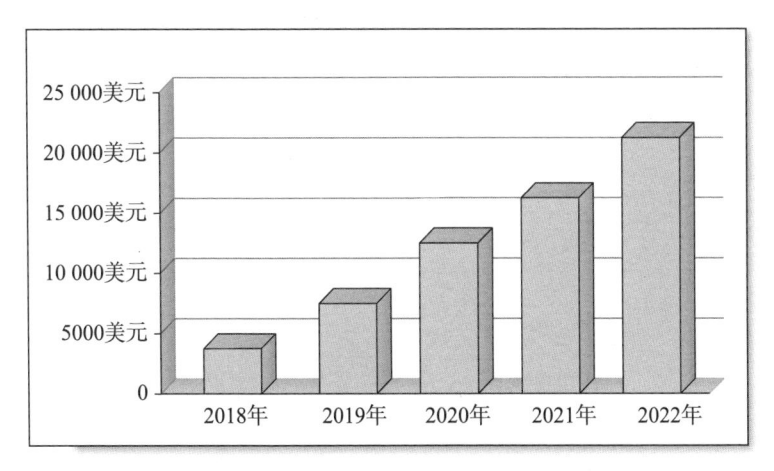

图 10–1　显示总净收入的柱状图

删除所有边框和部分数据后如图 10–2。

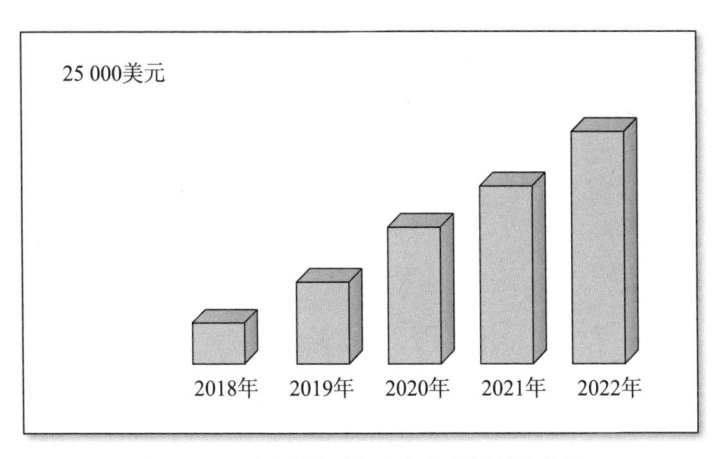

图 10–2　删除所有边框和部分数据的柱状图

柱状图可以简化成一个简单的折线图，如图 10–3 所示。

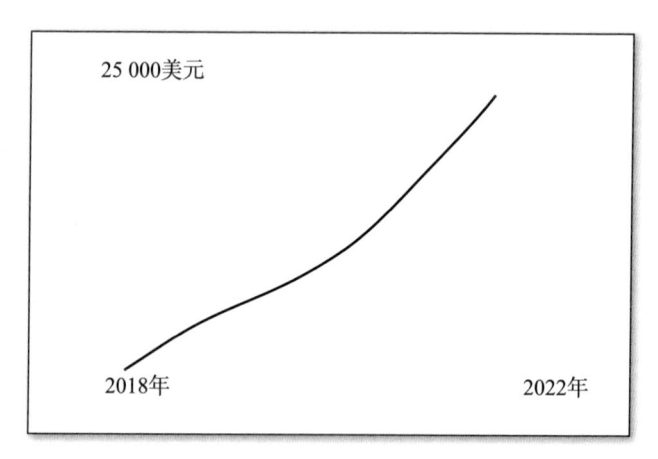

图 10–3　折线图

加粗线条，如图 10–4 所示，让所有人都能看清楚，即使是后 50 排的听众。

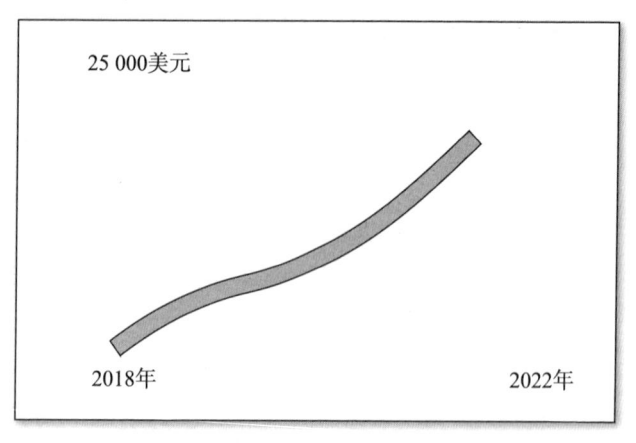

图 10–4　加粗了折线的折线图

现在删除线条之外的所有内容，只留下线条，如图 10–5 所示。

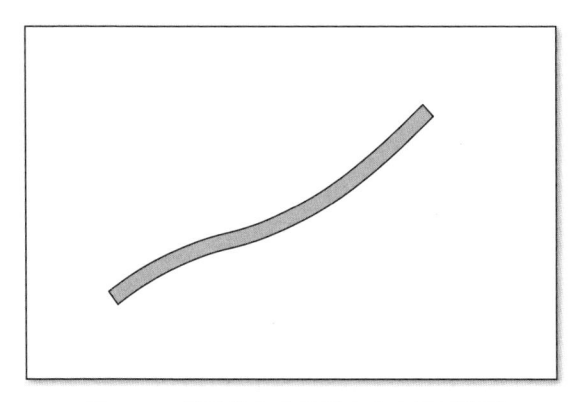

图 10–5　删除线条之外所有内容的折线图

很少有人真的敢这样做，因为他们都害怕和别人不一样。但从我的经验来看，那些尝试过这种方法的人非但没有受到谴责，反而都因为他们独特做法的创新性、清晰和新颖而受到了称赞。

回到展示了损益表的PPT，你也可以这样表示净收入，如图10–6、图10–7和图10–8所示。

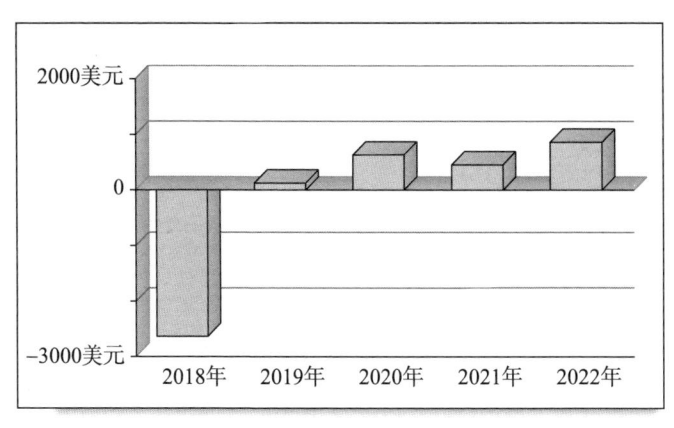

图 10–6　净收入（1）

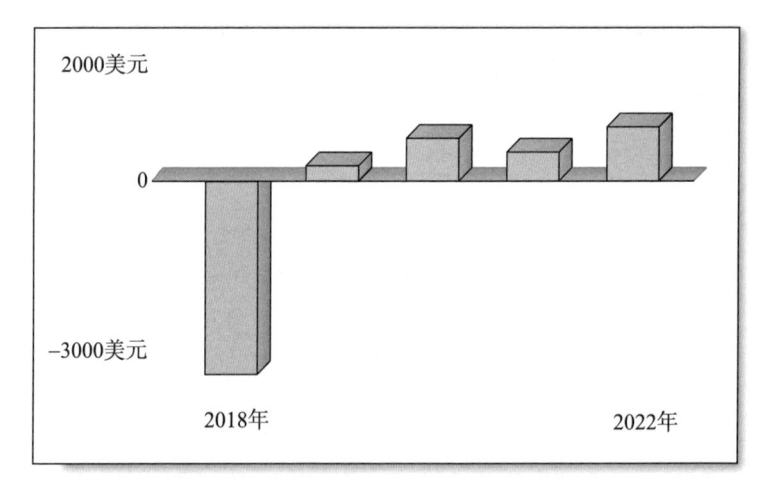

图 10–7　净收入（2）

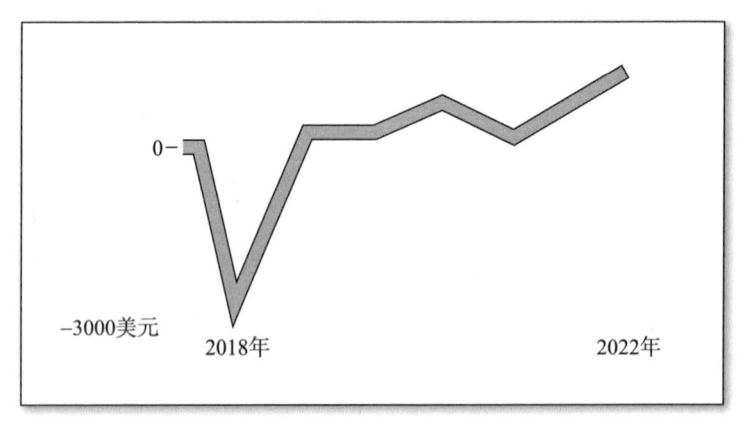

图 10–8　净收入（3）

市场份额的变化通常这样表示,如图 10–9 所示。

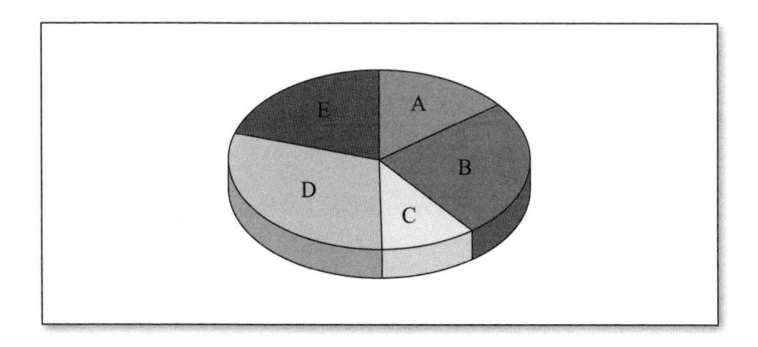

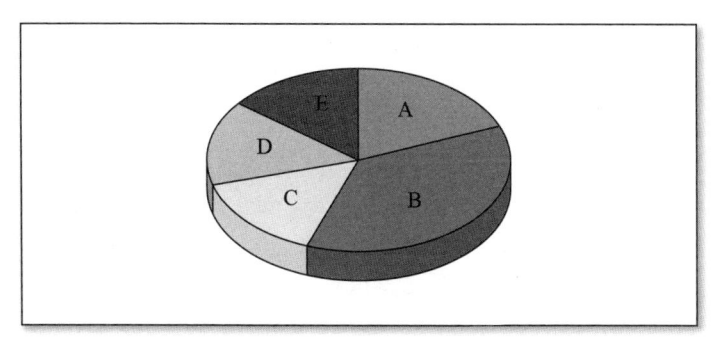

图 10–9　市场份额的变化

但是,当你衡量上述市场份额在一个更大的市场中的真实情况时,请用两个饼图做对比(如图 10–10 所示)来描述,其中更大的市场(更大的饼图)显示出明显的对比。

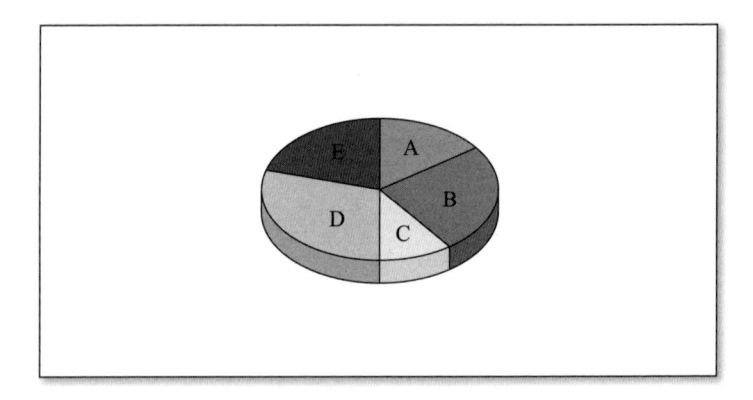

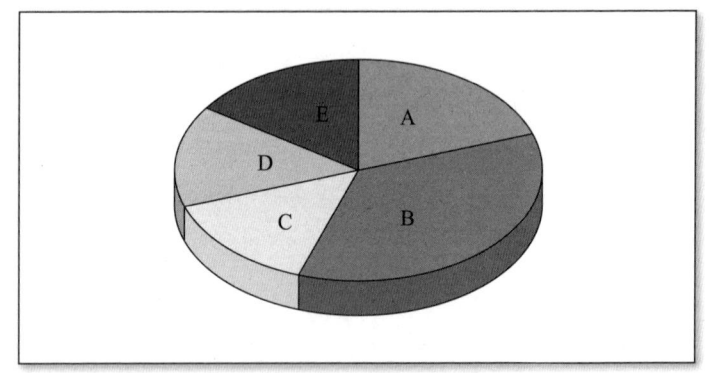

领导者演讲力
The New Articulate Executive

图 10–10　用饼图做对比

在不同情形下，我们都喜欢简单和重点明确。信息被浓缩成最直白的术语，并以图像（概念的快照）的形式跃入我们的脑海。几周后，我们还记得那张几乎没有任何装饰的图，却早已忘记那张复杂的表格。

如果是好消息，或者至少是振奋人心的消息，请你尽量不要用细细的趋势线（如图 10-11 所示），而应使用粗箭头（如图 10-12 和图 10-13 所示）来强调整体增长、利润增长、收入增加或市场份额的提高等。

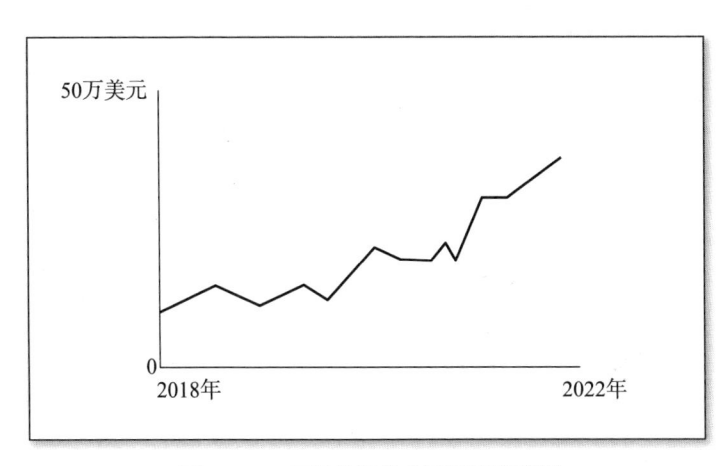

图 10-11 用细趋势线来展示利润增长

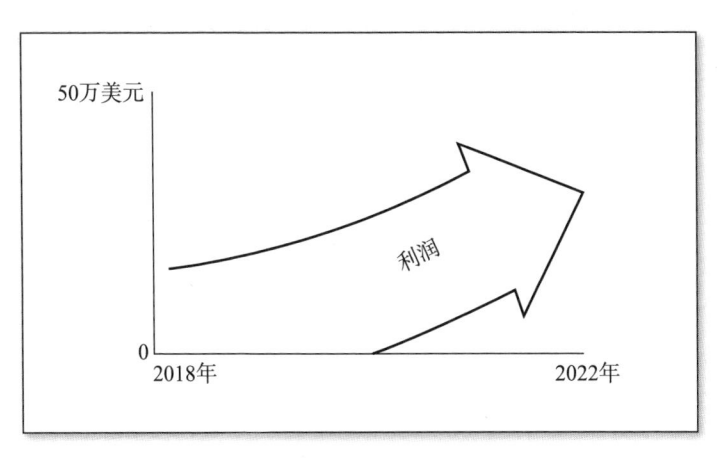

图 10-12 用粗箭头来展示利润增长（1）

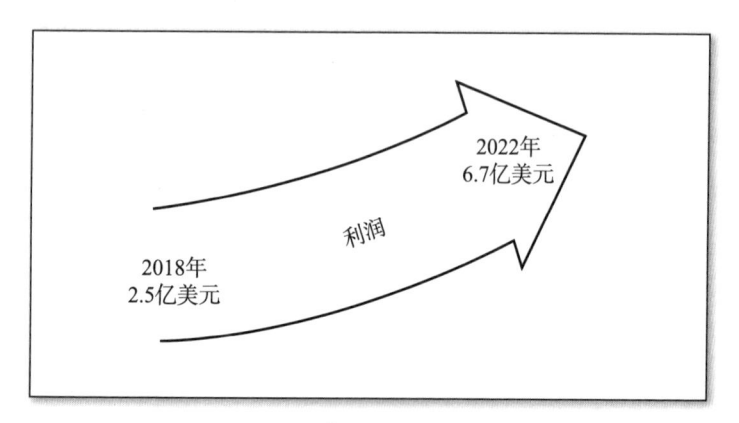

图 10–13　用粗箭头来展示利润增长（2）

请注意，如果你的听众十分关注细节，那么就请你不要采用这种方法。

没有人会责怪你使用传统的趋势线，不过我并不是很喜欢它们。箭头能带来很好的反响，特别是在有很多听众的演讲中，你有足够的理由来尝试使用它们。不过，你还是应该咨询一下优秀的图形设计师，以确定何时适合使用箭头，以及如何正确地用它们来突出你的关键信息。

演讲时如何使用 PPT

PPT 已经成为我们习惯在演讲时使用的"拐杖"，但其实这可能弊大于利。请你看看下面这个例子。

> 华尔街一家公司的总经理眼看着一位刚从哈佛商学院毕业、才华横溢的新员工搞砸了一次演讲，他需要为此付出大约

3000万美元的代价。这是一场竞争激烈的"比赛",投资银行家们需要在最后一轮中选出由哪家公司完成大型并购。这家公司还要与一家投资银行角逐,尽管被寄予厚望,但花落谁家还不好说。

总经理主持了这次演讲,一切都进行得很顺利。在他演讲时,他邀请了公司一位年轻的奇才为部分内容做技术说明。这个年轻人有着超群的数学和分析能力,他们事先也已经讨论了细节。演讲开始几分钟后,轮到这个年轻人一展身手了。总经理说:"接下来将由安德鲁为大家详细介绍交易的部分。"然后,他示意可以开始了。

可安德鲁的反应实在令人费解。他先是将椅子拉得离桌子远一些,然后把演讲稿放在他的膝盖上,开始逐字阅读演讲稿上的内容。此后,他的眼睛就再也没有离开过他的膝盖。

总经理简直不敢相信自己的眼睛,他疯狂地做着手势(但又不想让其他人看到),示意安德鲁应该看着其他人。但安德鲁误解了他的意思,以为要加快速度,于是读得更快了。

坐在会议桌对面的客户对这种奇怪的行为感到十分诧异。当总经理最终打断安德鲁并继续演讲时,一切都为时已晚。最终,他们的竞争对手拿到了这笔价值3000万美元的生意。

这显然是一次失败的沟通。正如经常发生的那样,几乎所有可能出错的事情都出错了。交易失败了。潜在的合作伙伴或客户除了没有与他们签约,甚至还庆幸自己躲过了一劫。

除了把销售的关键环节交给一个初出茅庐的年轻人是一个糟糕的

决定这一显而易见的事实，以及总经理与他的下属之间显然缺乏或根本没有沟通（当然他们也没有为会议做计划或进行彩排）之外，不合时宜地出现冗长的PPT更是火上浇油。我们得到的教训是，使用PPT往往弊大于利。这就是我不喜欢它的原因。大多数人可能都不喜欢它，但又很依赖它。因此，就视觉效果而言，我们必须确保它对我们有利而不是不利。

威化饼和三明治

理想情况下，我们会彻底放弃使用PPT（留存文档除外），而更愿意将我们的未来和财富交给POWER公式。许多成功的商业领袖就是这样做的。

对于那些可能没有选择、没有经验、没有专业知识，或出于各种原因认为自己必须依靠PPT才能完成任务的人而言，有一个很好的方法可以帮助他们正确使用PPT来持续地产生好结果。规则其实很简单，他们只需要稍做改变就能有很大的不同。

以下是一些能让你脱颖而出，并有助于你获得所需一切的建议。

1. 准备一个与你的留存文档不同的PPT。我们将实际使用的PPT称为"威化饼"，因为它很薄。我们将留存文档（电子版形式）称为"三明治"，因为它有很多"脂肪"，而且其中有很多你实际不需要的数据。

2. 在会议开始和结束时关闭PPT文件（你甚至可能根本不需要打开它）。这可能会让你想起"奥利奥"策略。

3. 不要使用文字 PPT。将它们保存在留存文档中，仅供你自己参考或帮助你回答问题。如果客户坚持要"三明治"的副本，那就等会议结束后再给他或将电子版发送给他。

4. 视觉辅助工具的设计和颜色要保持一致。请参考前面的章节。

5. 尽量在演讲结束后而不是开始前分发 PPT 的纸质资料。这意味着听众将在没有这些资料的情况下听你演讲。有时这是一件好事。有时客户会坚持要求在会议桌上看见这些资料，稍后我们告诉你该怎么办。

6. 释放 POWER 公式的能量。引人入胜的开头，一个主题，支持主题的例子，对话式语言，以及令人印象深刻的结尾。

常见的 PPT 演示可能是这样的：人们齐聚会议室，他们分别坐在会议桌相对的两侧。演示团队正式介绍所有参会人员，领队表示很荣幸获得这次演示机会，然后他打开 PPT（很可能是议程页面），并告诉所有人也这样做。接下来，他会逐行朗读并解释议程上的每一项内容。

最后，演示开始了，其实就是大家一起浏览一张接一张的文字 PPT。领队朗读 PPT 上的内容，所以会议室中的所有人都跟着他的思路——每个人都在阅读 PPT 上的内容，没有人注意领队在说什么。更糟的是，没过多久，大家开始不同步了，他们阅读的速度比领队说话的速度更快。大家草草地翻了翻 PPT。这显然是出问题了，但这只是开始。很快，问题更明显了：演示没有主题，只有一些可能与客户的业务需求无关的信息。这时，另一位演示者也正式登场了，他朗读了更多的文字PPT，情况变得更糟了，虽然可能会出现一些转机，但最终都会陷入一个黑洞：既浪费了时间，又失去了另一个机会。

你每天都能看到这种令人遗憾的场景在世界各地数千个会议室中重复上演。这充分展现了平庸的可怕以及对潜力不必要的浪费，但这仍然是数百万不知情的人目前的实践标准。他们还是不知道自己为什么没能与客户签订合同。

那么我们该如何纠正这个错误呢？请看另一个场景。

人们齐聚在会议室里。演示团队在大家就座之前就介绍了所有参会人员，以尽量显得不那么正式，让大家快速进入正题。如果大家就座之后想聊几句（如聊聊天气等）也是可以的。如果没有这个环节，演示团队的领队就应该寻找一个开始演示的机会（如大家突然安静下来）或给出一个信号（如"玛丽，你手上拿的是什么"）。

为了便于说明，我们假设在这种特定场景下，客户坚持要求提前提供PPT纸质文件或将它们放在会议桌上。此时，领队要想控制好会议，就不能让大家提前打开这些文件。如果客户碰巧正在翻看，那么领队就可以立刻用类似的话请他不要再看，例如"在我们打开PPT之前，我认为你需要先知道一些事情"或"在我们打开PPT之前，请允许我先大致介绍一下情况"。

如果领队信心满满，能够熟练地运用POWER公式，并且相信自己的演示能达到预期效果，那么她就可以选择更激进的方法。例如，如果只是一场小型会议（只有几位参会者），那么她就可以不使用PPT，并且说："虽然我们这次演示的内容都能在这份PPT中找到，但是我不想局限于这些内容,而是想给各位快速介绍一下我们对当前情况的看法,并从我的角度谈谈我们可以提供哪些帮助。"

然后直接按照 POWER 公式做:不说感谢语,不提会议议程,也不要再提演示。我们希望这感觉和听起来像是一次对话,这可以营造对话的氛围,拉近我们与客户的距离,以增加我们获胜的机会。这位领队没有说感谢和奉承的话,而是直接进入了正题。这就是她坚持不让客户打开 PPT 的原因。

如果她的直觉告诉她这些客户有点难对付、傲慢、缺乏安全感、防御心理很强,或者她根本不了解客户的议程,那么她就应该采取不同的策略,例如她可以说:"在我们打开 PPT 之前,我想先问大家一个问题——你们认为我们能做些什么?"

尽量不要在你结束演示之前分发任何资料。如果必须分发,也请尽量拖到展示第一张图表时。否则,只需遵循本节介绍的原则即可。

如果 PPT 纸质文件将在演示中发挥很重要的作用,那也要等到领队用开场白引起了参会人员的关注后再分发下去。正如前文所述,她要确保在大家打开 PPT 文件之前先讲完整个主题和所有内容,即使她的客户可能并没有意识到这一点。

在一个令会议室中的所有人都保持清醒并想继续听下去的开场白之后,领队就可以开始演示("奥利奥"中的证据和"奶油")了。这

领导者演讲力
The New Articulate Executive

时,她的角色变成了律师。她已经展示完案例,现在要做的是举证。她可以先说一段导语,例如"那么它看起来像什么?请大家看第一页"。就这样,大家在她的带领下打开了PPT。

如果她由于各种原因没有时间准备PPT,那么她可以打开留存文档,直接跳到可以支持其观点的那一页。例如,她可以说:"你们可以在第38页看到,我们预计经济好转将通过恢复正常定价来使市场重回平衡状态。"之后她会继续讲留存文档中的其他六页内容,以帮助完成演示。

现在是她将部分内容交给合作伙伴或下属的关键时刻了,这个人可能要负责详细介绍财务状况。但她并不用说"现在我想把时间交给……",只需要停止说话即可。

下一位演示者需要与她无缝衔接。这个技巧非常关键,因为它会让客户觉得领队及其合作伙伴确实来自同一个团队,因为他们的观点是一致的。

"下面,我将使用有说服力的资产负债表和现金流来支持(玛丽一直在介绍的)商业模式。"首席财务官突然插话进来,于是所有人的注意力都会集中到他身上。不过,玛丽仍然很认真地在听。她既没有低头看资料,也没有分心,而是继续与参会人员进行眼神交流,还时不时地看一看首席财务官。首席财务官可能会讲几分钟,只要他按照玛丽的主题来说明财务状况即可。每一张图表都让他的观点更具说服力,而且主题(假设是特定全球战略改变游戏规则的重要性)也与他展示的证据相契合。

等他讲完他负责的那一部分内容后,他用一句与主题相契合的话来结束了演讲:"所以正如大家看到的,我们在竭尽全力,争取在今年年底前在印度和中国市场站稳脚跟。"然后他请大家合上 PPT,玛丽也关闭了 PPT 文件。

玛丽没有丝毫犹豫,接着往下讲,为此次演示收尾。她说:"所以,这一切都归结为……"她用一些很有说服力的话结束了演示。而且,她还可以根据现场的气氛再补充一句,例如"你们觉得怎么样"。

客户可能会说他们需要时间先进行内部讨论,或者可能进入问答环节,并有可能当场完成交易。

凭我的经验,这种方法能够让竞争对手黯然失色,并决定成败。

关于 PPT 的最后一些建议

我们介绍的方法并不是万能的,当公司派新员工去开拓新业务并进行销售演示时可能是一种例外情况。这些人还不太了解公司或产品,也没有太多的演示经验。如果会议很重要,他们可能一开始就会遇到大麻烦。因此,指导他们使用大量的视觉辅助工具可能是一个好主意,这样可以确保演示质量和内容的一致性,并使他们不会被太多人注意到(可能本该如此)。在这种特殊情况下,我们可以借鉴很多旧规则。当然,正如我所说,这个问题的真正答案是公司不应该派新人来做任何类型的演示,除非这些人接受过全方位的培训,并做足了准备工作。相比之下,一个人在公司的职位越高,就越不应该过度依赖视觉辅助工具。公司总裁永远都不应该使用视觉辅助工具。

活页挂图

活页挂图在互动非常多的会议中尤其有用。例如，在节奏很快的构思环节中，创意不断涌现，新想法一个接一个出现，使用活页挂图可以在这些创意和新想法消失之前捕捉到它们。

但是如果你选择将活页挂图作为传统的视觉辅助工具，在上面呈现图片、示意图、表格、数据和图片（有点类似于技术含量较低的 PPT），那么就请你在设计它们时遵循本章提到的原则。换句话说，只有在你向听众说明他们将要看到的内容之后才删除文字 PPT 并展示信息。

为了抓住听众的"眼睛"，你需要在 PPT 中每隔一张留一个活页挂图。这样，在空白页发挥其作用后，对话的主动权就会回到你手里。这也正是你想要的：你希望演示的主动权一直掌握在你手里。

使用活页挂图时请记住以下一些简单的建议。

- 尽量提前准备好。
- 使用颜色浓密的粗头记号笔，方便 10 米之外的人看清楚。
- 每隔一页留出一张空白页。
- 使用颜色，但在整个 PPT 中，表示类或类别的颜色要一致。
- 尽量使用字体、字号相同的字，如果不是太拥挤，在活页挂图上很容易阅读。
- 写字的时候尽量面对听众。有的人可能觉得这太难了。我有两个建议：(1) 尽量少写字或者提前准备好你的活页挂图；(2) 当你不得不背对听众的时候，快速、清楚地写下你要写的内容。

会议室墙壁演示

规则非常简单。如果你不打算使用活页挂图，而是打算直接把你的演示材料（活页挂图纸）贴到会议室的墙上，以更具互动性、深度探讨或实验的形式进行演示，那么当你在会议室中来回走动的时候，请你一次只展示一部分内容，这样你将能更好地吸引听众的注意力，而不是让他们时刻被详细的信息包围着。在你展示新内容的时候，你可能需要一位助手来盖住讲过的内容。和使用PPT一样，你可以先讲下一张活页挂图的内容，然后再将它展示给听众。

第 11 章

写演讲稿的十大黄金法则

照稿演讲并不是个好主意（除了证词、涉及法律敏感问题、时间限制、准备时间不足或缺乏经验等例外情况），这对你没有任何好处。但是如果你必须提前写好演讲稿，那么它只有在反映了你自然的说话方式时才有意义。如果你使用学术著作或政策备忘录的风格（如虚拟句、长句或晦涩的语言等）来写演讲稿，那么你将面临几乎无法克服的困难。

你肯定不会和水母搏斗，因为你会被淹死。

演讲者在写演讲稿时可以用文字向听众展示他们的风格和个性。

大多数人可能都不明白为听而写和为看而写之间的区别。理想情况下，它们之间没有区别。但对于大多数人而言，它们之间总是有很大的区别。喜欢写演讲稿的商务人士多得惊人，然而他们的写作方式几乎不可能让他们以自然的方式说话。也就是说，他们甚至还没开始演讲就把自己打败了，这是因为我们说话的方式和写作的方式往往是不一样的。

> 你真正想要的是让你说的话听起来像你自己说的，并与你的风格相符。如果你想在演讲时使用事先准备好的演讲稿，让你听起来最自然，那么你写的内容就一定要简单。这就是演讲获得成功的秘诀。每位优秀的演讲者都知道，最能直接打动听众的方式就是直接说出你内心的想法。

解决办法其实很简单：以你说话的方式去写演讲稿。以下我整理了一些简单的写作规则。

1. **尽量使用短句**。你可以将长句拆分成多个短句，或将长句精简成短句。你也可以在合适的地方加上省略号，提醒自己在此断句。

2. **使用主动句**。尽量避免使用被动句，因为使用被动语态时多是官腔。当然，如果你刻意想掩饰某些信息，也可以使用被动句。使用被动句时，行动者（也就是你）被带出了情境；而使用主动句时，行动者又被带回了情境。

3. **选择口语中常用的词**。避免使用文言文。

4. **避免使用术语**。并不是所有人都会责怪你使用术语，因为你的同行们也经常使用。如果你不使用术语，你就有可能脱颖而出，并成为一位更可信的演讲者（同时仍是团队成员之一）。

5. 内容要具体。慎用指示代词，如"他的""她的""他们的""它的""某人的"和"我们的"等，即使我们在日常对话中经常使用它们。我们鼓励使用"重复"这种方法。

但需要特别注意的是，你应让人们始终准确地理解你在说什么。我不止一次听说交易因听众误解了代词所指代的内容而失败。他指谁？它又指什么？

如果你正在读报纸或浏览电子杂志或博客，那么你只要从句子的开头寻找，最后总能知道"他"指的是谁。但当你在听别人讲话时，你就不一定能知道有些指示代词具体指代的内容了，除非你打断那个人，并问："你在说谁？"但出于礼貌，大多数人都不会这样做，这也就意味着你可能并不知道你的听众已经迷路了。

我记得我女儿读大学时，有一次我和她一起去听课，教授使用了很多令人生畏的代词，所以他的课并没有达到预期的效果。他在讲台上走来走去，讲得激情澎湃，还多次使用"它""那个""他们的""他""他的"和"他们"，而学生们很快就无法弄清楚谁是谁、什么是什么了。最终，在他讲了一小时十五分钟后，学生陆续离开了教室，好像并没有学到什么东西，这是对时间和精力的一种浪费。并不是因为教授知识储备不足、他的课缺少主题，而是因为他没有正确地使用代词。

6. 避免笼统的概括。笼统的概括所掩饰的内容往往比它们揭示的更多。当人们听到笼统的概括时，他们往往会左耳朵进、右耳朵出。

> 你展示的图片越简单和具体,听众就越有可能记住你说的话。

7. 不要使用令人困惑的词语。有些语义模糊的词语可能会产生误导。

8. 不要使用夸张和自吹自擂的词语。如"最大""最好""最具代表性"等表示最高级的词语,这会降低你的可信度。

同样的信息可以用更可信的语言来表述。我们应减少使用华而不实的语言,而使用人们认同的语言和术语来传递希望。

演讲者经常会因说了"这是我人生中最棒的一次经历"之类的话而降低了自己的可信度。当然,它可能是最棒的经历之一,这无可辩驳。使用"最"这样的字眼不仅会影响演讲者的可信度,而且可能会影响他要讲的其他内容。

> 为了让他人相信你,你必须接受这样一种观点,即一个适时出现的、不加修饰的简单事实,远比罗列一大堆委婉语、半真半假的事实、不切实际的预测和你自知无法兑现的承诺更有分量。

人们在制作简历时也喜欢夸大自己的能力。例如,求职者会说他在原公司负责营销、广告和新产品开发，而事实上，他可能只是参与了三四个失败的新产品发布会的众多营销人员之一。

9. 尽可能使用语气更强的动词。

10. 慎用数据。在各类商业演讲中，演讲者往往都会展示大量数据。民意调查显示，听众一次只能记住一个关键数据。耳朵不是我们可以倾倒信息的漏斗，摆出太多的事实可能会影响沟通效果。

以下是管理数据的一些小窍门：

- 选择最重要的数据；
- 完善数据；
- 美化数据。

我们可以对一些数据进行美化，否则对听众而言，"一桶石油"没有任何意义，他们更无法想象 20 亿桶石油的意义。所以你可以给出一个几乎所有人都认可的类比，尤其是当你的听众是非专业人士的时候。好的类比可以带来很好的效果。

第12章

演讲中必知的注意事项

肢体语言

最近，我遇到一位高管在演讲时向听众夸耀他公司的优点。每次他说"我"或"我们"时几乎都会拍他的胸口；当他要表明一种观点时，他都会用拳头敲两下讲台。但是，他选的时机不对，而且令人尴尬的是，他的观点毫无价值。有一两次，当他对着听众说"你"时，他会突然伸出双手，就像一位拯救灵魂的传道人。最重要的是，他大部分时间都在低头看演讲稿，并照着念。

很显然，他之前接受过演讲方面的培训，只是效果并不理想。这位高管看起来很不自然，僵硬得像个机器人。看得出来，尽管他接受过培训，但是他并没有得到听众的认可。

让自己看起来和听起来自然（换句话说，营造对话的氛围）的关键在于表现自然。人们必须以一种忠于自我的方式行动。这就是为什么有时候告诉某人在特定情境下按照特定的方式行事、行动或改变会弊大于利。当培训师试图指导客户按照既定方式给出回应时，结果可能会令人沮丧。

> 要想理解肢体语言，首先你要知道没有哪一套指导原则一定适合你。你应该如何表现的真正答案只有你自己才能找到。只要去找，你就一定能找到。领导者在讲话时往往看起来很放松，也很有活力。他们无论说什么都表现得很自然。你也可以。

所以，正确使用肢体语言的第一个原则就是没有原则（不要表现得很愚蠢或很不自然，不要做出明显干扰听众注意力的动作）。

正确使用肢体语言的第二个原则是你说的话要发自内心。例如，如果你是备稿演讲，你也要让人觉得这是你自己想要说的（稍后我们将详细介绍如何备稿演讲）。这正是每一位备稿演讲的演讲者都需要具备的能力——一种自信的对话风格，有独立的思考，发自内心的回应。即使你根本无法投入感情，也请你在开口之前把你要说的在头脑里过一遍。这样，你听起来就不太像是在念稿了。

如果你是即兴演讲或者只根据几个提示词演讲，那么表现得自然就容易多了，因为你不必念稿了。现在，你可以用多种不同的方式来表述每个观点，没有哪一种方式一定比另一种更好。你可以自由地谈论你感兴趣的主题，真正做你自己。

即使你的选择有限或你发现自己被困在讲台上，只要按照以下的建议去做，你的演讲也不会太糟糕。

1. 不要晃来晃去，保持双脚并拢。晃来晃去只会让听众分心，让他们感觉不舒服，他们可能会认为你不专业或者你想快点结束演讲。如果你还是反射性地晃来晃去，那么在保持双脚并拢的情况下，你可能就会跌倒。

2. 稍微转动双脚，你就可以面对不同的听众。需要注意的是，请保持在同一个位置上旋转。秘诀就是优雅地转动，保持稳定。

3. 不要摇头晃脑。如果你没有晃来晃去，并且能保持在同一个位置缓慢转身，那么你的头自然就会保持在同一个位置上。如果你选择不拿演讲稿四处走动，那么请你站直，这样你的头自然会保持在同一个位置上。

4. 利用手势让你的演讲生动起来。我告诉我的客户，如果担心手势不自然，就可以用简短的手势来表示强调，并使用幅度更大的手势（如果他们感觉舒服）来表达重要的观点。你也可以拿支笔，这样你的手就不会无处可放或僵硬地放在身体两侧。双手交叉，双手分开，让你的手动起来。你也可以将一只手放入裤子口袋，用另一只手帮助你阐明观点。

如果你觉得这些建议会让你很尴尬或觉得不舒服，那么你可以选择相信你自己，让直觉告诉你应该做什么以及何时做。很多政治家都能够娴熟地运用我们讨论的这些手势。

如果你可以离开讲台,那就离开那里吧!现在,整个舞台都属于你。一定要慢慢走动,永远不要背对你的听众。不时停下来提出一个观点或讨论一个问题。不要害怕停顿,因为这样做的目的是强调。例如,你可以提出一个问题:"你们认为怎么做才能扭转局面?"你也可以霸气地说:"这是我们行业历史上最重要的时刻。"然后慢慢地走几步,停下来,再走几步。你会发现,专业的演讲者一直都在使用像这样的有效停顿。

要想熟练地使用身体语言,最好的方法就是练习。你可以对着摄影机或镜子练习,尽量采用你感觉舒服的对话风格。然后,运用你在本书中学到的技巧。你会发现,简单的练习大有帮助。

着装

不管你喜不喜欢,第一印象往往非常重要。人们只看你一眼,就可能对你有错误的认识。因此,穿着得体很有必要,这可以让听众只关注你的信息,同时加深他们对你的印象。

显然,这个建议不适合小丑或喜剧演员,也不适合非正式的聚会场合。但如果你面对的是公职人员或商务人士,那么穿得低调一些肯定没错。

我不会假装自己是艺术大师或时尚达人,但我确实认为我可以为你在该穿什么和不该穿什么方面提供一些建议。

男士如何着装

通常情况下，男士可以选择以下穿着。

质感较好的深蓝色或灰色西装。

白色正装衬衫，衣领最好不带纽扣（平领更显优雅）。白色不会让任何人反感，即使你参加电视节目也可以穿白色衬衫，虽然白衬衫在电视屏幕上看起来可能比较晃眼。但如今，技术已经非常先进，白色衣服的效果也不错。白色还比较衬肤色，特别是在寒冷的冬季，很多人可能会失去健康的户外色。浅蓝色也不错，有没有条纹都可以。

蓝色或黑色的深色及膝袜子（你一定不希望在等待发言时露出你的大白腿和腿毛，你也一定不希望在跷二郎腿时露出小腿）。

蓝色、细条纹或深灰色西装只适合搭配黑色鞋子，棕色、浅灰色和淡色系西装更适合搭配棕色鞋子。请选择舒适的鞋子，并确保擦干净它们。系带商务鞋比乐福鞋好。有磨损、起来廉价的鞋子可能从最开始就给了别人拒绝与你合作的借口，无论你说什么或你觉得自己说得多么好。

小圆点、纯色或斜纹等保守的领带。经典似乎永远不会变，它们让你看起来很睿智，并且不会分散人们的注意力。多年来，顾问（例如我）一直建议客户选择鲜红色的领带，因为这可以立刻吸引听众的注意，让他们关注演讲者。很多政客每次上电视的时候都会采纳我们的建议。但是，当你看到同样穿着深色西装和白衬衫、打着红领带的三个人端坐在一起时，你可能会感觉很奇怪，甚至是滑稽。因此，

领导者演讲力
The New Articulate Executive

过去彰显权力的搭配（红领带、白衬衫和深色西装）可能并不适合现在。

请记住，当你想传达一些非正式的非语言信息时，例如当你在工厂车间里讲话时，你可以脱掉西装外套，卷起袖子。巴拉克·奥巴马、比尔·克林顿和乔治·布什都知道什么时候该脱掉他们的夹克。

重要的是用常识来判断穿什么最合适。男士最好不要穿涤纶和色调柔和的衣服（律师或银行家穿这类衣服可能会被原谅，但是在正式场合穿休闲装就违背了人们对高雅的定义）。

学术界也可能会改变着装规则。提到学术界，人们想到的可能是不修边幅的天才，头戴贝雷帽、穿着粗花呢上衣和宽松的灯芯绒裤子、系着长围巾的教授。尽管如此，当我去商学院做演讲时，我还是坚持我的着装规则，这似乎没问题。学生或参加高管课程的人都希望见到商业顾问，其实给他们上课的教授也都是商业顾问，只是大多数教授都没有像我一样为工作用心着装。

近年来，好莱坞为我们展示了马尾辫、宽松的意式套装（长上装和瘦裤腿）、运动鞋、墨镜、牛仔裤、T恤和晚礼服，以及很多适合白天或晚上穿的颇具艺术家气息的黑色套装的搭配。毫无疑问，这种搭配穿起来都很舒服，有些看起来还不错，但如果你像这样穿，你必须先成为公认的怪人或世界上最优秀的人，或像史蒂夫·乔布斯（他喜欢穿着高领毛衣、牛仔裤和运动鞋出现在公开场合）一样的先驱或有远见卓识的人，或者你已经实现了财务自由，能够在商业听众面前模仿杰克·尼科尔森（Jack Nicholson）或唐·约翰逊（Don Johnson）的着装；否则，请把黑色真丝衬衫和高帮运动鞋都留在衣橱里。

现在，很多公司已经允许员工在星期五穿便装，因此，时代正在变化。不过，如果你需要在"便装日"见客户，那么你还是需要穿西装、打领带，除非另有要求你可以不这样着装。

女士如何着装

经常在商务场合或政治场合发言的女性似乎更青睐保守的西装。除此之外，她们喜欢穿那些看起来很贵，但又不会暗示她们试图以任何方式显得性感的连衣裙。当然，在男性听众面前，天生漂亮的女性会显得很有吸引力，这是不受她们控制的。即使在我们这个年代，任何头脑清醒的女性发言人也不应该因这个简单的事实失眠，或者刻意去改变这个事实。按照常识，女性发言人不能穿领口过低的衣服。

在西装的颜色方面，女性演讲者往往比男性演讲者有更多的选择。柔和的颜色很常见，大胆的红色和蓝色都是最流行的亮色。

有些女士喜欢穿长裙子，有些女士喜欢穿短裙子，但是最会穿衣、最有经验的女性演讲者有以下着装原则：

- 保持简单，选择纯色保守的西装和裙子；
- 尽量少戴首饰，从而减少干扰；
- 眼妆不要太浓；
- 演讲时不要戴帽子，除非演讲地点在户外，或者碰巧你是英国王室成员；
- 适当情况下可以使用丝巾来展示你的风格，而不会显得过于时尚。

多年来，我有很多客户都是女企业家，她们偶尔会表达自己对在

领导者演讲力
The New Articulate Executive

公开场合演讲的担忧。例如，有人向我坦言，如果前一位演讲者是一位极其健壮且气场强大的人，她就会感到不安。她认为自己的声音既没有那么浑厚或有穿透力，也没那么洪亮，她担心这种差别不仅会影响演讲效果，而且很可能会让听众误以为女性演讲者缺乏领导力或其他品质。这些担忧都是合理的，我们可以理解，但这也是可控的。

第一，任何演讲者（无论是女性还是男性），只要掌握并实践了本书提到的一些简单技巧，都可以比最具活力的演讲者表现得更好，而这些演讲者有时甚至没有接受过正式培训。

第二，如果使用得当，柔美的声音也可以像最深沉的男中音一样令人印象深刻。这就是我们要使用麦克风的原因。我鼓励女性客户无论在什么地方演讲，都要提前确保麦克风可以正常工作。在使用效果好的麦克风时，即使你的声音再温柔，即使你站在距麦克风半米处，听众也可以听清你的声音。如果我的女性客户不得不在没有麦克风的情况下演讲，我就会让她们尽量离听众近一些并提高音量，也就是说，说话的声音要足够大，这样做不仅能让她们的声音听起来很自然，而且能让后排的人听到。经验丰富的女政客都知道如何更好地做到这一点。自然而然，如果你的音量太大，那么听众会感觉你在吼叫，这样的做法并不可取。

音量和投入的情感也是可控的。不过更棘手的是，有的人天生是女高音，我的一位女性客户就称她自己的声音是米老鼠的声音。事实上，她的声音听起来并不像是迪士尼角色的声音，只是她的声音天生就比一般女性的声音高，所以在每次商务会议和演讲中，她的声音都很突出。

在我的建议下，她找了一位发音教练。这位教练改变了她的呼吸和语速，并帮助她将假声音域降了一两个音阶。她的声音变低沉了，音量也提高了。现在当她上台演讲时，她变得更自信了。

关于音量和发音，我比较喜欢要求客户提高他们的音量（但不是大吼大叫）。当没有演讲和舞台经验或没有接受过戏剧训练的人试图用声音表达他们的热情时，其他人可能会觉得他们缺乏信心或不自然。因此，当你发现自己要在一个有很多人且没有麦克风的房间里讲话时，请不要表现得过头了。

> 说的话要有影响力，但不一定要大吼大叫。

如何像专业人士一样照稿演讲

提前准备好演讲稿并非对每个人都有用。对大多数人而言，照着笔记或大纲演讲，甚至即兴演讲的效果会更好。但有时候，例如当你遇到以下情况时，准备好演讲稿是比较明智的选择：

- 律师坚持要求你逐字阅读文件上的内容；
- 介绍团队中的每个人都必须遵守的规定；
- 必须在明确的时间节点完成演讲；
- 你没有时间准备，演讲稿是别人帮你准备的，或者你必须替别人演讲；

领导者演讲力
The New Articulate Executive

- 你的演讲将用到PPT，需要提前排练和精准的提示；
- 比起照着笔记或大纲演讲和即兴演讲，你觉得照稿演讲会让你更自信。

明明在照稿演讲，但又不想被看出来，这需要一定的技巧。如果我们必须照稿演讲，并且希望听众严肃对待和认真听，我们就必须掌握这个技巧。无论是在公共生活还是在私人生活中，很少有人知道如何正确地照稿演讲。除非他们使用提词器，否则即使是美国总统，看起来也像是在逐字逐句地念稿。

没有人能够通过阅读书籍来掌握照稿演讲的艺术，因为到目前为止，没有一本书可以准确地说明应该如何照稿演讲。但是使用一些简单的技巧，加上在镜子前做一些练习，你仍然可以取得很大的进步。

不要着急开口

在照稿演讲时，大多数人在说每句话的开头时，脸和视线几乎都是向下的，因为他们要看稿。他们只会在演讲停顿时抬起头来，然后又低下头去看下面要说的话。重复三四百次这个动作的演讲一定是很无聊的，如图12-1所示。

哪怕内容再好，演讲也可能会失败。

要想扭转乾坤，你只需要调整步骤即可：在开始说每句话时不要看稿，而要直视听众，然后低头看稿并读出句子中间的部分，结束一句话前再次抬起头来直视听众。即使这一系列动作重复几百次，听众也不会觉得你是在照稿演讲。正确的照稿演讲的方式如图12-2所示。

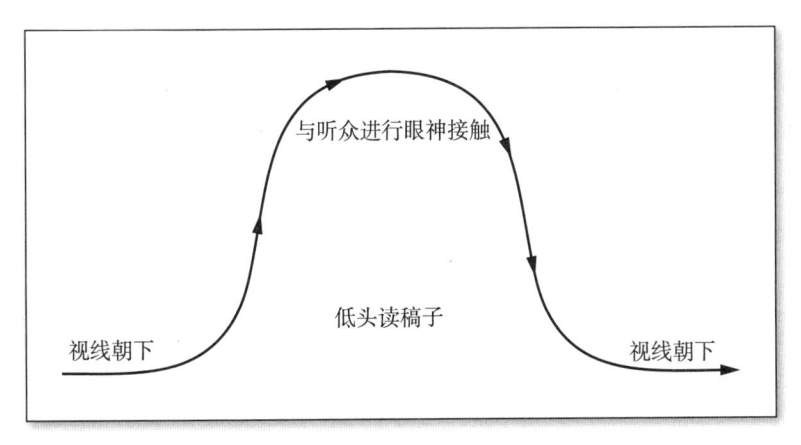

图 12–1　错误的照稿演讲的方式

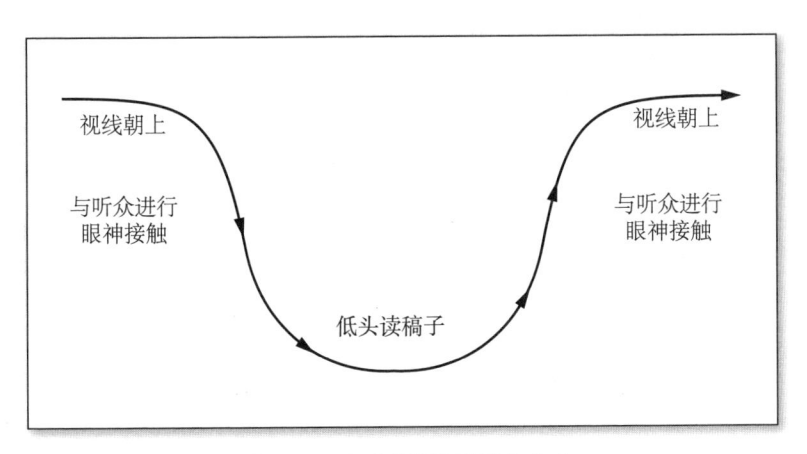

图 12–2　正确的照稿演讲的方式

你也可以选定一些听众，从你的左侧向右侧依次与他们进行眼神接触，确保你的眼神在每个人身上停留几秒钟。眼神要保持"上—下—上"，而不是"下—上—下"。秘诀就是你可以默默记住前半句话，然后让你的视线回到听众身上，与他们进行眼神接触，同时说出这些话；在你快说完之前，让视线回到你停下来的地方，读完这句话的中间部分；最后，让视线再次回到听众身上，同时说完剩下的内容。你所做的这一切都需要无缝衔接，没有任何停顿。停顿最好设置在有眼神接触之后（只是为了让听众相信，在你的视线回到他们身上之前，你没有说谎）和说完每句话之后（为了强调和确保在你说完这句话之前，不要低头去看下一句话）。

想象一下，你站现在在讲台上看着听众。如图 12-3 所示，当你演讲时，如果你是直视听众的，那么你就位于我所说的 GO 区（GO ZONE）；如果你的视线高于他们的头顶，在空中的某个位置（也许是因为你缺乏演讲经验，有点不习惯与听众有眼神接触），那么你就位于我所说的 O 区（O ZONE）；如果你的视线朝下或无法与听众进行眼神接触，那么你就位于我所说的 NO 区（NO ZONE）。

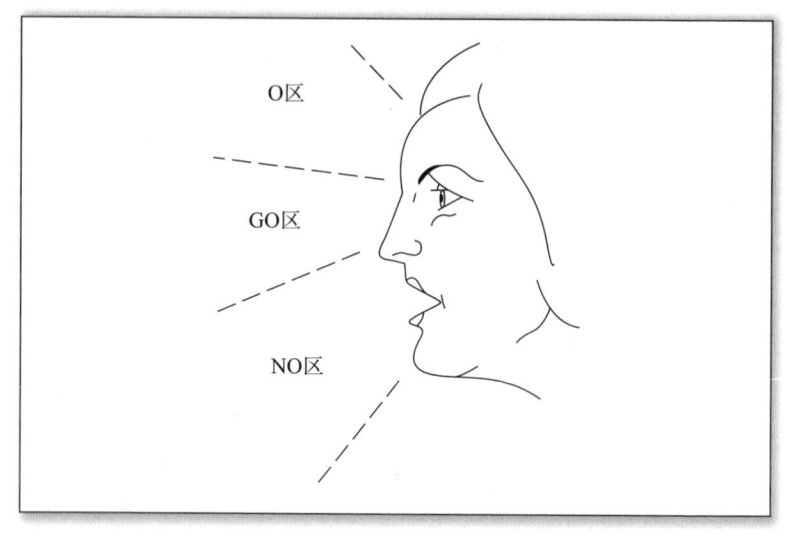

图 12-3　照稿演讲时，演讲者视线的 GO 区、O 区和 NO 区

> 直视听众的眼睛,你就进入了 GO 区。你在 GO 区中停留的时间越长,你的演讲效果可能就会越好。

显然,你应该待在 GO 区,彻底远离 O 区,只在必要时进入 NO 区(如迅速看一下演讲稿)。这就是为什么如果你必须照稿演讲,就必须知道如何正确地完成它,这样你大部分时间就都会待在 GO 区,而且看起来不像是在念稿。

但是,即使你了解了"上—下—上"策略,你的语速也可能过快,因为你的语速可能总是想赶上阅读速度。所以,请你务必控制好你的语速。

> 有意识地放慢语速,听众才会觉得你在与他们对话。

请记住要多停顿。说完每句话后停顿一下;说完每个要点后停顿一下。多与听众进行眼神接触,要真正地直视听众。

准备演讲脚本

尽管"上—下—上"策略听起来简单,但很多人在使用时可能会感觉很不顺手。为了让步骤尽量简单,请提前按照以下要求准备好你的演讲脚本。

- 字号足够大，确保你站在一米之外也能轻松地看清楚。
- 每个句子自成一段（这有助于你轻松地使用我们刚刚讨论过的技巧）。如果原文的一个段落由多个句子组成，那么你可以采用不缩进的方式来暗示它们属于同一段落。只对段首句做缩进处理。
- 句子与句子之间保持两倍行距，段落与段落之间保持三倍行距。
- 每页的最后一句话应该在当页结束。也就是说，一句话的内容不要跨页显示。
- 页面的四个角上都要注明页码（天有不测风云，你肯定不想在演讲时一张一张地找你的脚本）。

你的脚本肯定不止一页，但只要注明页码，你就能轻松地翻页而不会让听众分心。当你快要说完一页的最后一句话时，请拿开这一页，同时你要一直看着听众。

你的位置

不要站得离演讲桌太近。站得越远，你的视角越平缓。因为只有这样，当你的眼睛向下看时，你的下巴和脸也是朝上的。请记住，一次只看半句话，短句很容易让你一眼就能看完。

后退几步，你的视线范围就会变大。你可以站在离演讲桌 0.3 米～0.5 米的位置，或者任何方便你使用手势来表达你的观点、可以触摸到演讲桌的位置（很多人觉得摸到实物会有一种踏实感）。

有些演讲桌的高度是可调节的。如果你事先知道可以照稿演讲，可以要求主办方提供可调节高度的演讲桌，这对高个子的人而言极其重要。调节演讲桌的高度,确保它的顶部正好在你的胸骨下方(也就是你心脏所在位置的下方)。

手

不要分散听众的注意力,可以试着用手势来表达你的观点,这主要有以下两个原因。

第一,解放你的双手,让它们陪你一起"演讲",这样有助于缓解你的焦虑。我们可能会焦虑或怯场,如果我们让焦虑在没有释放的情况下累积,它就会让我们显得紧张或木讷,从而暴露出我们的恐惧。紧张通常表现为摇晃或摇摆,你可以用手帮助你释放压力,从而隐藏你的恐惧。动动手也有助于你缓解在台上手足无措的感觉。

当然,你的手不能不受控制,它们应该起辅助作用,而不应该分散听众的注意力。你的动作要有序,双手指尖接触、手掌向上、手掌向下等都要酌情并谨慎使用。或者,你也可以像我们之前提到的,手里握一支笔,偶尔还可以换手。总之不要让你的手闲下来。

第二,除了释放紧张感,你的双手还可以让你看起来更自然,更像是在与听众交谈。你的声音听起来会更自信,你甚至会超常发挥。

关于手,还有以下几点需要你注意:

- 如果你坚持背着手,那么听众可能会觉得你在模仿某位名人;
- 双手交叉放在胸前表示你很脆弱。你看起来像是在保护自己,不愿意演讲;
- 双手合十放在胸前会让听众觉得你在祷告。

站姿

如前文所述,如果你必须站在演讲桌前演讲(如果是照稿演讲,那么大多情况下你都要这样做),那么你最好一直站在同一个位置。我建议,与其双脚分开站立,不如使它们尽量靠近(分开大概 0.15 米即可,这好像有些矛盾)。

原因很简单。大多数人在照稿演讲时会感到焦虑或不耐烦,并喜欢将他们身体的重心从一条腿转移到另一条腿上,这极容易分散听众的注意力,让他们觉得你不专心。相比之下,如果你将双脚合拢,那么当你想转移身体的重心时,你就有可能摔倒。另外,双脚靠近一些会让你看起来更高挑。细节很重要。

但问题来了,如果让你一直站在同一个位置,你可能会觉得自己被困住了,除非有办法稍微活动一下。我的方法是,你还是站在同一个位置,但可以稍微移动你的双脚,以面向不同的听众。

因此,让你的手动起来(如偶尔摸一下演讲桌,但既不要摸着它不放,也不要敲击它),让你的脚也动起来。如果你能优雅地移动双脚,听众根本不会注意到你在移动。

尽情享受你的演讲吧

现在,让我们快速了解一下你被邀请发言时会发生什么。请认真听介绍。做介绍的人可能会说一些非常尖锐甚至风趣的话。有时候,这些看起来很随意的介绍其实只是想得到你的回应,如果你不回应,听众可能会觉得你还没有进入状态。如果运气好,你或许可以回应一句，这句话不仅可以引出介绍，而且可以针对你要谈论的内容提出你的观点。

但不要全凭运气。如果你提前准备了脚本，但不知道如何在不影响你的开场白的情况下做出回应，那就干脆不要回应，继续按照计划行事就可以了。

如果你随身带着脚本（并没有提前放到演讲桌上），请尽量将它藏好，不要让听众看到。当你走上讲台时，可以将它藏在大腿附近。

请至少提前记住一两句开场白，这样当你走上讲台时就不必马上低头看稿。悄悄地将脚本放在演讲桌上，尽量不要让听众看到它。在这个过程中，你要看着听众。如果你习惯用右手，请将脚本的首页放在右边，其余正文放在左边。这样，你至少不需要在第一分钟就换下一页。

请站在离演讲桌适当远的位置，既要确保你能触摸到它，又要确保你能够看清脚本。如果演讲桌的高度可以调节，而且有人在你之前发言，那么请根据你的需要来调整它的高度。

一旦开讲，就请根据你的需要平移走页面，而不是翻页，这样听众可能不会察觉到你提前做了准备，而只会觉得你是在按照笔记或大纲讲，你知道你在说什么。五到十分钟后，你可能会开始感觉到疲劳，但不要通过摇晃或摇摆身体表现出来。

我还有以下建议。

1. **谨言慎行**。向演员学习：他们在说话之前，通常会将要说的话先在脑子里过一遍。所以，当你低头看每个新句子的时候，请先将它在脑子里过一遍，然后再说出来。在无数次练习后，即使演讲稿是别人为你写的或你在替别人演讲，你也会觉得这些话实际上就是你想说的。

2. 在提出问题或阐述要点之后，请多停顿一会。这些停顿可能看起来漫长，并且会让你抓狂（可能是肾上腺素在飙升），但听众会认为你的表现很自然，你是在深思熟虑，是在和大家对话，你对你要说的内容很自信。

3. 完成演讲后不要着急离开。停留足够长的时间与听众进行眼神交流。如果有掌声，那么你只需要说"谢谢"，然后停留片刻就离开讲台。

请记住，如果有可能，永远都不要让听众看到你的脚本。小心地将它从演讲桌上拿走、放在下面，或者当你走回座位时，将它藏在听众看不见的那条腿旁。

还有一条重要的温馨提示。要想使照稿演讲达到即兴演讲的效果，你就需要进行大量练习。通常，我一般只用2~3节课的时间与商务人士一起练习这项技能，却可能用5~6节课的时间与政客练习。因为迫于工作需要，再加上通常需要在户外演讲且无法使用提词器，政客必须掌握这项技能。在后面的章节中，我将详细介绍自我训练的方法。

当举行大型报告会、有很多（或重要）听众和PPT篇幅很长时，我们可能需要照稿演讲。事实上，大多数照稿演讲都会使用一种或几种视觉辅助工具。

即使你现在已经了解了照稿演讲的规则，我仍然建议你尽量不写脚本，除非有必要。

如何使用提词器

如果你仔细观察，你会经常在电视上或现实生活中看到演讲者站在讲台上时，讲台两侧会有提词器（也称自动提词器）。有了它们，演讲者不必再低头看稿。

提词器是单面镜，听众几乎看不到上面的内容，只有讲台上的人才可以看到滚动的大号文字。它们的功能在于让演讲者永远都处在GO区。

很显然，提词器不适用于听众人数少的小房间，因为它们很容易被发现。它们很容易让听众分心，使演讲者处于不利境地。如果近距离观察，即使是从未见过它的人也很容易弄清楚它们是什么。商界和政界的听众不喜欢提词器。在董事会会议上使用演讲桌和提词器的商业领袖只会搬起石头砸自己的脚。尝试在户外使用提词器也可能不切实际。但在远离听众的大型室内会场上，它们可能非常有用，前提是你知道自己在做什么。

当然，最好的情况是你可以在没有提词器的情况下出现在任何听众面前，并且看起来像是在即兴演讲。但要做到这一点，你必须熟练掌握顺利完成照稿演讲的技巧。这可能需要一些时间和自我训练（或需要参加专业培训）。因此，如果你不能或不会使用脚本，或面对的不是少数听众，或无法完成即兴演讲，或无法使用一些简单的笔记或大纲来演讲，那么提词器可能是你最好的选择。

以下我将提出一些关于如何使用提词器的建议。

1. **如果有可能，请尽量确保你或你信任的同事和助手有机会提前与提词器操作员见一面**。不仅要确保设备运行正常，正确的脚本被顺利上传，而且要确保操作人员知道如何按照你的节奏来滚动显示内容，直到你完成演讲。如果你有机会排练，那就再好不过了。优秀的操作人员能够预测和适应你的风格，并做出调整。

2. **检查字号**。字号够大吗？你能一眼就看清楚吗？字号不能太大，也不能太小。两个屏幕显示的内容应该同步。

如果你经验不足或根本没有经验，你可能就会像美国高尔夫球公开赛的观众一样，盯着两个屏幕来回看。这种乒乓球效应会将你是个新手的事实暴露无遗。如果你想表现得像一位专业人士，就请你认真阅读后面的建议。

3. **不要只看单独的词语，试着抓住半句或一个完整短句的意思**。在开口之前，试着弄清楚这些文字的意思。如果演讲稿是你自己写的，这应该没什么问题。现在，你已经记住了这些文字，就不用盯着提词器了。你的视线不会被屏幕束缚，你可以努力与听众进行眼神交流。熟练的提词器使用者会经常这样做。

假设你先看左侧屏幕的内容。当你（对着左侧屏幕方向的听众）说完你的话后，可以用眼睛看句子的其余内容并继续说话，此时你的脸正对着你面前的听众。这个过渡让你将视线转向右侧屏幕，你可以选择剩下的几个词语，并继续看向听众。

接下来，你看向右侧屏幕，此时屏幕上已经出现了新的内容。等你看完新句子的前半部分后，请再次重复上述步骤，这次是从右到左。这样，你就不是在打乒乓球了。你在平稳地看向两侧的屏幕，并面向左、中、右侧以及更远的所有听众讲话，你开始看起来像位专业人士了。稍加练习，你的演讲就会毫不费力。

4. 不要着急。我们阅读的速度会比说话的速度快，所以慢慢来。专业人士从不着急。记住要正常呼吸。说完一句话后要深呼吸，因为任何停顿都是好事。两句话之间的呼吸自然就是你停顿的机会。

你可能已经注意到，这种技巧其实就是水平版本的"上—下—上"策略。如果碰巧你没有提词器，也没有专业的教练，那么对着镜子练习应用"上—下—上"策略将有助于你为使用提词器做好准备。

为了防止设备发生故障，请随身携带一份纸质版脚本。你可以在上传至提词器的脚本中标记绿色或红色小点，来提醒自己纸质版需要"翻"页了。你最好熟悉我们之前介绍的照稿演讲技巧，不然最终的结果就是，你从之前的 GO 区（因为使用提词器）一下子变成逐字念稿而进入 NO 区，后果堪比严重的火车事故。

使用舞台监听器获得提示

如果你想在讲台上自由走动（我鼓励你这样做），你会发现舞台监听器很有用。

舞台监听器实际上是平板电视，通常隐藏在听众看不到的舞台边缘。有了它，你就可以在没有演讲稿、提词器、笔记或大纲的情况下进行演讲。你可以将它们作为你的高科技提示卡，它们可以显示整个PPT，你在舞台角落的小屏幕上看到的内容也可以同时在你身后的大屏幕上被听众看到。

> 使用舞台监听器的技巧就是尽量假装你没有使用任何类型的支持系统。换句话说，不要让听众发现你花了很多时间盯着舞台边缘。

要做到这一点并成为出色的演讲者，唯一的方法就是掌握我们之前介绍过的"上—下—上"策略以及提词器的使用方法。你的目标是与听众保持眼神交流，同时在讲台上随意走动。为此，你不能边说边看舞台监听器，只有当你和听众重新进行眼神交流时才能开口。

对初学者或新人而言，这些停顿可能会使他们感到尴尬，但经验丰富的演讲者会喜欢它们，观众也是如此。

你可以建议在舞台周围安装多台监听器，例如左侧一台、正中间一台、右侧一台，或者你可以选在在前面放两台，左侧一台、右侧一台。这样，当你在讲台上走动时（请注意，不要走得太快或背对听众），你就比其他演讲者更具优势（如能更自由地使用监听器）。当然，你肯定不能与那些不需要任何提示和视觉辅助工具的极少数优秀演讲者比较。

在你决定使用舞台监听器之前,你应该熟练运用照稿演讲的"上—下—上"策略,熟练捕捉水平视线以下的提示。

第13章

克服演讲时的紧张心理

如何战胜恐惧

当你在公开场合进行演讲时,你必须先战胜内心的敌人(如焦虑、自我怀疑、怯场)以及所有其他在不同程度上困扰着大多数人的小问题。不是所有人都害怕上台发言。但对于那些害怕的人而言,焦虑可能是他们的主要障碍之一,我们必须找到解决方法。

换句话说,我们不奢望自己完全摆脱紧张的情绪。正如我的一个朋友所说,我们只是想放轻松,这就需要我们调整心态。

当然,战胜恐惧的最佳方法是练习100次,不过对大多数人而言,这是不可能的。据我所知,除了服用药物或催眠,改变对公开演讲的看法是战胜恐惧的唯一方法。

第13章 克服演讲时的紧张心理

> 好消息是,恐惧并不全是坏事。恐惧是心灵的警钟,能够让你更加警觉、反应更快和调整行动。恐惧是人性的一部分,是人的本能反应,也是可以预料的。但如果我们没有控制好自己的恐惧,我们就会被它控制,并且不知所措。恐惧到极点可能会彻底摧毁一个人,所以我们必须战胜它。关键在于我们要将恐惧和焦虑变成一种能够为我们所用的工具。

每次演讲或发言之前,你都应该做好心理准备,并提醒自己注意以下六点。

1. 热爱听众。想象你与听众有共同的出发点,试着对那些来听你讲话的人表现出热情和善意。想象你正站在我们之前提到的酒吧或你的客厅里,与老朋友分享一些令人兴奋的消息。事实上,大多数人并不关心你知道多少,只要让他们知道你有多么在乎这次讲话即可。你会惊讶地发现,改变态度将有助于缓解你的焦虑,并带给你超乎想象的"力量"。

2. 为听众服务。记住,你是来为这些听众(而不是你自己)服务的。他们有充分的理由期待你提供一些有价值的东西,你有责任为他们创造价值。传递价值的方式是更关心他们,而不是你自己。他们关注的是信息,而不是传递信息的人。他们会关注你说的话,所以你不需要担心你的表现。你的表现由你讲的内容来衡量。

3. 你是专家。你需要提醒自己，你比房间里的任何人都更了解要讨论的主题。这会使你更有信心，你的表现也将更好。

4. 享受过程。如果你读过本书，而且你掌握了我介绍的方法，那么你一定会享受演讲的过程的。如果你仍然有问题，那么你至少要告诉自己，你在享受过程。这听起来很可笑，但其实很有用。对待演讲任务的态度要像你对待生活中其他有趣的挑战（如网球或高尔夫球）的态度一样，然后想象一下你和你的朋友们正在酒吧里聊天。

5. 为自己加油打气。回想一下你以前不得不在公众面前讲话的经历。你可能表现得并不完美，但它对你没有产生任何影响。也有可能你那次表现得非常不错，那么你就可以以此来鼓励自己，并回想一下当时你是如何做的、你在哪些方面表现得很好以及你后来的感受。

6. 想象你只是在和一个人说话。如果这个方法对你有帮助，请你在听众中挑选一个人，并直接对着他说话。

这些心理游戏可能不会消除你的紧张，但它们应该有助于你将焦虑转化为兴奋，让你愿意接受挑战，这与冠军运动员为赢得比赛而培养心态是一样的。

有了我们介绍的架构和基础以及控制全场的信心，此刻，你基本上已经准备好了。

造势

马丁·路德·金（Martin Luther King）于 1963 年发表了著名的

演讲《我有一个梦想》(I Have A Dream)。他用了不到 20 分钟的时间为美国未来 50 年的民权运动奠定了坚实的基础，激励着一代又一代的美国民众同心协力去解决种族问题。

在种族问题仍然存在的年代，做好这次演讲是一个巨大的挑战。马丁·路德·金那天之所以能够成功，不仅因为他是一位才华横溢、有特殊天赋的演说家，他明白听众需要什么、知道语言的力量可以改变世界，更因为他懂得如何带动听众。

当能量变得不可阻挡时，你就有了动力。很少有人能像马丁·路德·金那样懂得如何造势。

当你观看这次演讲的视频时，你会注意到他的演讲似乎是有节奏的，这个节奏越来越快。在演讲的最后 1/3 处，他开始使用修辞停顿的方法。他多次突然说出以下能体现他演讲主题的句子：

"我梦想有一天，这个国家会站立起来……"
"我梦想有一天，在佐治亚州的红色山岗上……"
"我梦想有一天，甚至连密西西比州……"
"我梦想有一天，我的四个孩子……"

他用排比句来陈述他的"梦想"。这些关于"梦想"的排比句是一种非常有效的修辞手法，几乎能够吸引所有听众。但更重要的是，这会在演讲需要时造势。

片刻之后，演讲接近尾声，他用更多饱含热情的排比句让整场演讲走向了更高的高潮，现场的气氛也愈加高涨：

"让自由之声响彻科罗拉多州冰雪覆盖的落基山!"

"让自由之声……"

"让自由之声……"

"让自由之声……"

"让自由之声……"

"当我们让自由之声响起,当我们让自由之声响彻每一个大村小庄,每一个州府城镇……"

他的结束语至今仍回荡在人们的耳边:

"终于自由了!终于自由了!感谢上帝,我们终于自由了!"

这种势头一直延续到最后的高潮部分。

我想说的是,马丁·路德·金知道他必须要让听众兴奋起来。他知道,平淡的演讲,也就是气氛从头到尾都没有改变的演讲,终将以失败结束。

危险区

当我们接近18分钟之墙时通常会面对危险区,这是因为大多数演讲者都无法长时间保持他们的注意力,他们可能在演讲进行到2/3或3/4的时候就开始语无伦次了。

即使是在18分钟内,危险区也是一种威胁。它可以破坏任何演讲,不过它对备稿演讲最具杀伤力。危险区的出现可能是由以下某个原因造成的,有时也是由这些原因共同造成的:

- 演讲本身设计得不好,例如在最后 1/3 的部分出现了很多瑕疵;
- 演讲者感到无聊(特别是演讲内容本身很无聊或演讲者在替别人做演讲),并表现出缺乏兴趣;
- 大多数非专业人士或缺乏经验的演讲者会在演讲进行到一半时开始出现停顿;
- 紧张可能毁掉整场演讲。

> 如果你有值得说的话,就请你表现出你的坚定和热情。如果你能表现出你的坚定和热情,那么危险区就会消失,问题自然就会自行解决。当你的信息被正确传递出去,也就是当你知道自己在说什么,知道如何说听众才能懂,知道如何让你的话更有感染力、更有分量时,危险区就会消失。

不要担心你表现得太热情或太冷淡,这不重要,表演的事让演员去完成。对你而言,重要的是先传递一个信息,并对它深信不疑,然后以坚定的方式将这个信息传递给听众,让他们相信你的承诺、你的真诚、你的全情投入。这样,危险区很快就会变成安全区。

哪怕只是一次更新信息也可能是职业发展的机会

并非所有人都觉得这很容易做到。例如,当我鼓励首席财务官及其下属寻找一个主题或信息时,他们经常会表示反对,即使是在季度复盘时。他们说，复盘就是信息。

复盘是信息，也不是信息。我说它是，是因为复盘就是一次复盘；我说它不是，是因为任何形式的更新也是一个机会，可以将报告置于一个更大、更相关的框架中，这需要领导者视角。例如，驱动本季度数据的市场趋势是什么？有哪些变化可能会改变我们的业务？从全球范围看，有哪些长期发展可能影响这些数据，为什么？最重要的是，我们该何去何从？接下来会发生什么？我们应该做些什么？

所以我会告诉数据爱好者：为你所做的事情增加价值吧！展望未来才是听众真正感兴趣的。你可以先阐明你对未来几个月的业务的预测，然后基于从上个季度得出的结论和建议来解释这个预测，这正是我们之前介绍的从结论开始。这与大多数演讲的设计方式刚好相反。如果用图形表示，它可能如图13-1所示。

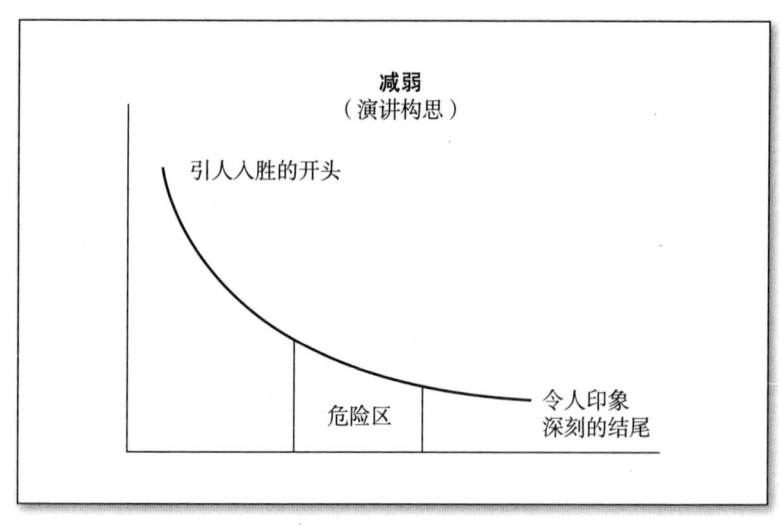

图 13-1 从结论开始的演讲构思

第 13 章 克服演讲时的紧张心理

下面我们来看看本章中提到的危险区。为了逃离危险区,我们必须逐渐增强听众的信心。我们要带球一直向前跑,然后将它踢上坡。也就是说,要不断增加能量。

我们可以在图 13–2 中找到危险区的位置,并发现你的能量和热情将如何影响你在演讲时的表现。

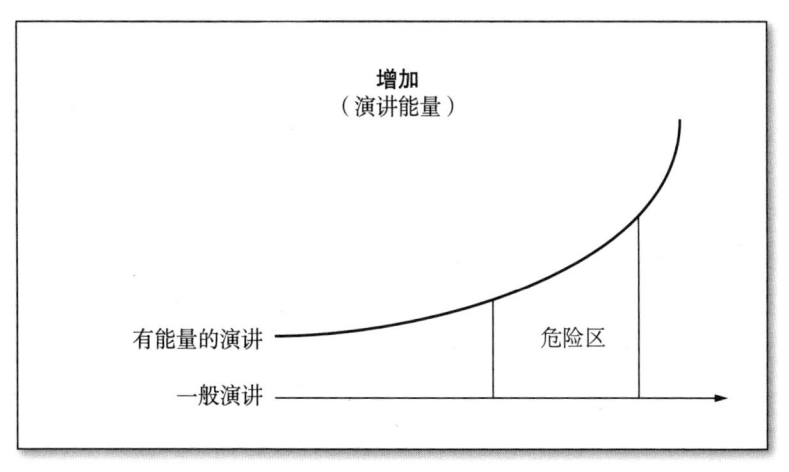

图 13–2　演讲者的能量和热情如何影响其演讲表现

显然,尽管演讲构思基于反向波原理,但能量原则基于标准波原理。这看起来是个悖论,但如果你将它们结合起来,那么你的表现肯定不会差,如图 13–3 所示。

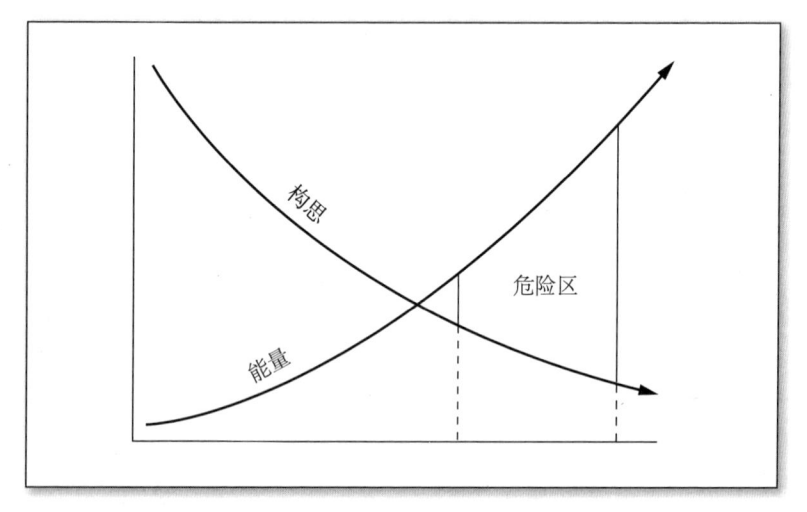

图 13-3　演讲构思和能量对演讲表现的影响

现在，请你忘记这一切而只需记住，成功的演讲不仅要有一个引人入胜的开头和令人印象深刻的结尾，而且结尾也要传递巨大的能量。要逃离危险区，你只需要：

- 做好准备；
- 运用 POWER 公式；
- 更关注你的演讲内容，而不是你自己的表现，并确保在演讲的后半部分，你的热情不会减退。

善用沉默的力量

沉默是一种资产，而不是一种负债。大多数初学者都将各种形式的沉默视为一种诅咒，但优秀的演讲者都知道如何将沉默为己所用。

第13章 克服演讲时的紧张心理

一位智者曾经说过,在任何一场成功的演讲中,停顿可能会传达更多的信息。这种说法可能有些道理。首先,大多数演讲者的语速很快,其中一个原因是他们总是忙于打破可怕的"安静"(当挤满人的房间中鸦雀无声时就会出现这种让人冒冷汗的安静时刻),另一个原因是他们想尽快结束演讲。

我有一位做小本生意的朋友,他经常做同一个噩梦,梦见自己站在一群面无表情的听众面前说不出话来,那里没有任何声音,只有寂静。他会在恐惧中惊醒,心跳加速,之后就很难入睡。

他像很多人一样,害怕公开演讲。一项著名的民意调查发现,大多数接受调查的人都表示,他们最害怕的事情不是死亡,而是公开演讲,死亡只排名第二或第三。所以我们仍然有一个相当大的问题尚未解决,在某些情况下,这个问题大到足以影响我们的工作和自我价值感,有时甚至会影响我们职业生涯的发展。

沉默和暂停虽然是公开演讲中最大的魔鬼,但它们永远不应该成为我们的敌人。事实上,它们可以成为我们的好朋友。演员要比我们更清楚沉默的价值,他们也知道停顿可以区分出平庸和出色的表演。可以说,专业演讲者和业余演讲者的区别就是我所说的时间感知差距(稍后我们将详细介绍)。

> 最具影响力的开头莫过于沉默。

我们先说说引人入胜的开头。最好的方法就是什么都不说。你可以环顾整个房间，看着你的听众，看着他们的眼睛，让时间一分一秒地过去，直到他们打断你。保持沉默四到六秒钟，整个房间都很安静，让所有人的注意力都集中在你身上。有些人在开场时可能会因为紧张而喋喋不休，而你要做的就是站在那里，什么都不说。听众对你的期待感就是在那几秒钟建立起来的，直到你开口讲话。正如你在POWER公式中看到的，你说的话会进一步引起他们的注意。你的开场白可以大放异彩，你一开口就为他们提供了有价值的东西。

所以在你说话之前，你应该学会保持沉默。上述所有事情都应该在八秒钟内完成。

时间感知差距

当我拍下客户的演讲视频并给他们回放时，他们经常无法相信那些时间很长的停顿实际上看起来很正常，也令人感到很舒服。感知与现实之间存在着很大的差距，我们将其称为时间感知差距，它是一个难以捉摸的敌人，我们必须战胜它，否则它每次出现都会对我们构成威胁。

我记得几年前自己曾发生过一起摩托车事故。我感觉自己在空中的时间似乎有八到十秒钟，但实际上还不到一秒钟。从某种意义上说，公开演讲对有些人而言有点像一场可控的摩托车事故：当事人越焦虑，就会觉得时间越长。

在危急时刻，我们经常会觉得时间仿佛停滞不前了。实际上，这是大脑正在试图给身体一些时间来自救。有些人将这种改变的状态称为一种高度的"或战或逃"感。在极端情况下，你甚至有足够的时间目睹自己生命的流逝。

> 了解时间感知差距对于掌握公开演讲的艺术并成为领导者至关重要。

不要让对沉默的不适感支配你的表现，控制住开口讲话的冲动。冷静下来，放慢速度，学会爱上那些奇怪而美妙的停顿。例如，如果你要说一些重要的事情，那么请停下来，数到三，并看着大家。你会惊讶于停顿的实际效果。例如：

> 我们必须马上采取行动；（停顿）
> 你们对公司的成功至关重要；（停顿）
> 我们永远不会屈服！（停顿）

> 控制好时间，你就能控制好听众。

4

打造演讲现场的掌控感

The New Articulate Executive

第14章

轻松应对提问环节

在理想情况下,你在演讲结束后的问答环节的表现应该与演讲时一样,即轻松且有趣。但在问答环节,你可能会感觉更自在,也会觉得自己更有能力。鉴于问答实际上可能是你的强项,因此无论你之前向听众展示了什么样的能力,你都应该尽量强化这些优势。以下是你需要牢记的一些准则。

1. 保持警惕,在正式演讲结束后不要放松。商务人士经常会面对提问,其中一些问题可能会充满敌意,例如工作场所性骚扰、职场公平、女性歧视、动物试验、有毒废物、空气和水污染或白领犯罪等一些敏感或有争议的问题。所以,请你提前做好准备,甚至做最坏的打算,以防措手不及。请记住,如果你觉得正式演讲进展得不是特别顺利,那么问答环节就是一个挽回局面的好机会。

> 如果你想让问答环节顺利进行，你可以先在听众心中埋下一粒种子，问第一个问题。

2. 充分准备，让问答环节变成对你有利的环节。 这意味着无论你被问到什么问题，你都可以提前准备一些观点。你也可以强调你在演讲中已经说过的内容，或者补充一些你忘记或没时间说的内容，或者强调一些关键信息。要想使问答环节按照你希望的方式进行，就请采用媒体人所谓的"过渡"，这仅仅意味着以你想要的方式来回答任何问题。请看下面这个例子。

消费者维权团队抱怨说虽然最近油价下跌，但贵司加油站的油价却没有降低，消费者没有享受实惠。您如何回应？

回复：我认为真正的问题是面对暴涨的石油成本，我们在过去一年里竭尽全力地压低油价，您如何衡量我们实际为人们省下来的钱？

别人涨价的时候，我们没涨。现在市场在波动，我们的价格相对来说还是比较低的。

请记住，我们每收 3 美元就有 1 美元用于石油勘探。这是我们对未来的投资，能够让我们实现自给自足。据我所知，这也是保持加油站低油价的唯一方法。

显然，回复提问的人是有备而来的。她用"我认为真正的问题应该是……"这句话做了过渡，从而立刻获得了谈话的控制权，接下来就变成了她的主场。然后，她直接跳转到她提前准备好的内容。

请注意，如果一直使用过渡，有时可能会被视为回避。因此，请谨慎、明智地使用过渡，最好只在回答最难的问题时使用。

以下是一些过渡句的例子。

"关于您的问题，我有很多要说的，但由于时间有限，我重点说一下……"

"关于您的问题，我认为没有人能给出切实可行的方案，但我可以说……"

"我们之前注意到了这个问题，我们还将再次听到这个问题，但我们一直没有听到……"

"我不知道这个问题的答案，但我确实知道……"

"更重要的问题是……"

"它当然很重要，但您是否想过……"

"您不应该这样问我，而应该问我……"

我想起了陶氏化学（Dow Chemical）公司的高管在接受电视采访时的情景。当被问到陶氏凝固汽油弹产品在战争中的破坏性作用时，这位高管回复说战争确实是一场悲剧，但陶氏化学公司刚刚研发出一种儿童脑膜炎疫苗。

有时候，你可以通过援引法律条文或公司条例来回避尖锐的问题。你可以这样说：

"我愿意回答您的问题,但我们的律师让我们先暂时保密,因为问题还在调查中。但我可以说的是……"

"我们要等到分析完所有事实之后才能回答您的问题。"

"我们要等到高管层查清事实并得出统一的结论之后才能回答大家的问题。"

"在我们了解更多信息之前,我们无法回答这个问题,因为如果现在回答这个问题,我们担心有人会受伤。"

要使用过渡的方法,你必须先想好接下来要说什么。所以请提前准备一些要点,并花时间与同事一起练习你对棘手问题的回答。

3. 不要着急回答。 主要有以下三个原因:(1)回答问题之前的停顿让你有时间仔细思考你的答案,这不仅可以缩短你的回答时间,而且能帮你省去边想边说时的"呃"(这只是在为思考争取时间),避免啰唆;(2)停顿可以告诉听众,你是一个乐于思考、不急于求成的人;(3)最重要的是,当你被问到一个明显有失公允或出乎意料的问题时,你的持续停顿就不会很突兀。如果你在回答所有问题之前都停顿一下,那么你就不会在遇到棘手问题时显得不知所措,而提问的人也不会用剩余的时间揪着这个问题不放。

4. 说事实。 无论你做什么,都不要说谎,因为说谎可能会被发现。如果你不知道答案,那就请你说出来,并且说你会尽快给出答案。如果事实令人伤心,那就提前做好回答这类问题的准备。

5. 简明扼要。 尽量不要过度作答。我们常会因为话太少而感到内疚。而在问答环节中,话太多可能会适得其反,因为大多数听众只能接受大约 18 秒的对话"金句",如果你要说更长时间,就请给出充分的理由(如果你不觉得 18 秒很长,请看看你的手表,默默等 18 秒,这实际上是一段很长的时间)。

6. 如果你提前思考过问题和答案,那就更没有理由给出冗长的答案了。此外,冗长、不着边际的答案通常表明你准备不充分、思路不清晰、内心不安和说话啰唆。

7. 开门见山。这一点我再怎么强调也不过分。思路清晰的人不会给出一个花哨的结论;相反,问答大师通常会直接跳到重点,然后简单说明他是如何得出这个结论的。

如果你确实有很好的例子,请不要羞于在 18 秒"金句"中加入更多内容。

一两个好例子就可以让你说的话更可信。

---

8. 保持冷静。不要和卑鄙之人发生口舌之争,因为你注定会输。如果有人用言语攻击你,请你保持镇定,而且尽量保持礼貌。

9. 真诚。真诚是一种讨人喜欢的优雅。在充满敌意的采访中,幽默可能会成为一种有用的武器,但尽量避免让人觉得你是喜剧演员。幽默常常被视为讽刺或麻木不仁,因此有时可能会适得其反。

10. 警惕错误的前提。你面对的可能是基于错误事实的提问。如果是这样,请在回答这个问题之前更正并澄清事实。但是,如果提问者使用了过激的形容词,如"猛烈的""不明智的""愚蠢的"或"不称职的",请忽视这种挑衅,并直接给出你的答案,这可能是一座揭露谎言并扭转局势的桥梁。

11. 不要说"不予置评"。我们经常在电视上听到"不予置评",但这几个字会让问题变得更糟糕,而且根本无法解决问题。"不予置评"只会让人觉得你是在故意不解决问题,即使你并不这样想。

我想起了这样一个例子。一家石油公司的首席执行官要求其公司常务副总裁凡事都要先和他商量,然后才能向媒体发布消息。某日,公司的油库发生了爆炸,火苗直冲上几百米的高空,而首席执行官当时正在休假。记者纷纷去采访倒霉的副总裁,他一遍又一遍地说"不予置评"。当然,他其实没有什么可隐瞒的,但第二天,当地的新闻头条全都在暗示一个秘密核设施或政府的顶级秘密武器项目出了问题。为了避免出现这种不必要的尴尬,并仍让首席执行官满意,副总裁只需要这样说就行了:"确实出了问题,目前我们正在努力解决问题。一旦我们了解到更多的信息,就一定会及时通知大家。"

12. 当同一个人同时提出多个问题时,不要觉得你有义务回答所有问题。选一个你喜欢的问题回答,然后继续回答别人提出的问题。如果你想回答所有问题,那么你可能就需要做一些笔记,或者请提问者重复剩下的问题。

不要在问答环节重复回答同一个问题,即使你的措辞不同。你可以说你已经回答过这个问题了,然后继续回答别人的问题。

**13. 如果一开始你并没有埋下"种子",而且似乎也没有人愿意提出第一个问题，那么你可以自己提出一个问题。

14. **不要延长问答环节的时间。** 如果已经超时或者你觉得会议应该结束了，你可以这样说："我们还可以提最后一个问题。"回答完那个问题后，你就可以结束问答环节或会议了。

15. **录制音频或视频。** 拥有视频或音频的现场记录会很有帮助，你不仅可以了解自己的表现，而且可以了解你的主题是否特别引人关注。记录你自己实际说过的话不是坏事。

应对质问者

被人质问怎么办？虽然没有简单的解决方法，但你永远也不应该被那些想要夺走你的机会和牺牲你利益的人伤害。

有时，幽默也可以成为强大的武器。有一次，美国前国务卿亚历山大·梅格斯·黑格（Alexander Meigs Haig）在联合国发表讲话时，一群坐在夹层观众席的人向他大喊大叫。黑格毫不犹豫地停下了演讲，说他听不清他们在说什么，但"如果你们可以向前走几步，我肯定能听得更清楚一些"。听众笑了，那群人坐了下来，不再起哄了。

在美国的政治竞选中，任何质问都可能成为被质问者的机会。在一次选举中，罗纳德·威尔逊·里根在面对质问时回应说："女士们，先生们，这就是我出现在这里的原因，这不正是我们践行的民主吗？这些人抱怨的制度正是使他们能在这里对美国总统大喊大叫的制度。而只要我在任，我就打算保护他们的这项权利。"这种回应方式后来

领导者演讲力
The New Articulate Executive

被很多人模仿。

莫须有的个人攻击很常见。例如，质问者可能会大喊："你上一次偷税漏税是什么时候？"在很大程度上，质问者无非是想以牺牲被质问者的利益为代价来获得关注。他想暗示被质问者的道德或人格有问题，同时将自己置于道德高地。但更多时候，这种伎俩会适得其反，使质问者看起来像坏人。

当然，你可以用这种方式重新提出这个另有所指的问题："你的问题是我是否像其他人一样纳税？答案当然是肯定的。下一个问题是什么？"或者你也可以通过幽默的方式来轻松地说明情况："我承认我的确有过这样的想法，但我妻子说我不擅长说谎，所以偷税漏税这种事情还是留给那些喜欢赌博和活在刀尖上的人去做吧。"

在大多数商业和公开演讲中，你可能很少有机会遇到质问者，但是做好准备还是好的。应对质问者的秘诀在于：

- 态度坚定；
- 彬彬有礼；
- 掌控全局。

有时候，要同时做到彬彬有礼和态度坚定并非易事。质问者根本就没打算理性讨论，他们将谨慎抛诸脑后，只要有机会，他们就会尽其所能地攻击和抨击一切，让被质问者感到沮丧和被侵犯，却不知道该如何适当地回应。

在你演讲时，如果有人开始质问你，请参考以下能够帮助你应对质问者并走出困境的建议。

1. 转移质问者的注意力。先礼后兵，也就是说，先听他说一会儿，以表示你的礼貌，直到你确信自己正在与一个根本没打算停下来的质问者打交道时，你就可以反击了。坚定地打断他无休止的抨击，例如，你可以自信地反问他："您是在问我问题，还是想表达您的观点？"

如果质问者说他是在问问题，那就请他提出这个问题。此时，对话的主动权再次回到了你手中。等他问完问题后，你可以通过以下方式回答：（1）用"是""否""当然""可能"或"也许"等简单地回答问题，然后快速跳到下一个问题；（2）过渡到你想要表达的观点；（3）如实回答问题，但不要详述。我们的目标在于尽快解决这个问题，并让演讲顺利进行下去。

如果质问者说他是在表达他的观点，那么你应该马上打断他，并提醒他时间有限，只能提问，但你可以说你或者其他发言人非常愿意在会后与他进一步探讨这个问题。当然，如果你这样说了就必须兑现承诺。

如果在你尝试了各种方法后，质问者仍然不愿意让步或停止，那么你别无选择，只能让其他听众提问。请记住，在大多数情况下，你可以使用麦克风。即使没有麦克风，也可以继续让别人提问。如果没有人提问，你也可以自己提出问题，例如："人们经常问我，'你在工作中遇到的最大挑战是什么？'我的回答往往会令他们大吃一惊。我的回答是……"

如果质问者仍不肯罢休,你可以提醒他,如果他不坐下来或继续影响别人,你就不会在会后与他见面。你还可以说会请保安请他出去。如果这些策略都不奏效,你还有最后一个筹码——你可以宣布问答环节结束,感谢听众,然后离开(离开的时候不要忘记关掉麦克风)。但最后这个策略可能会被视为质问者的胜利,所以不到万不得已的时候(如场面明显失控、你没有机会有尊严地结束演讲等),你最好不要使用它。如果你必须面对多位质问者,你可能就不得不使用这个策略了。

2. 重新表述问题。在提问时,质问者有时会使用一些带有严重偏见、含沙射影的尖酸话语来反击你,这时你只要将这些话改写为简单的陈述句就行了。重新表述问题不仅能够拔掉"刺",而且能让问题更容易回答。

例如,一位已经离职的员工在新品发布会上怒气冲冲地大喊:"你为什么不说说你的工厂每天排放了多少废水?"

你可以这样回答:"问题是……我们采取了哪些措施来改善我们社区的环境?我的答案是……很多……而且这不是什么秘密。"然后你可以谈谈治理污染的计划。

庆幸的是,质问很少出现。第一次应对质问总是最困难的。如果你是领导者,可能就会受到质问。当然,你也可以让质问者大吃一惊。

第 15 章

学会与媒体打交道

最近的一项调查显示,在接受调查的所有高管中,超过一半的人非常不信任记者,以至于他们在任何情况下都断然拒绝接受采访。这是可以理解的,毕竟越来越多的采访喜欢设置"埋伏",而且大多数涉及商业的采访背后可能都存在反商业偏见。

但是,对那些认为自己有故事可以分享且愿意将媒体视为垫脚石而非绊脚石的人而言,采访是一个不可错失的好机会。

关于采访,我有以下建议。

1. 从你走进演播室的那一刻起,你就已经在接受采访了。你不必多疑,但请你记住,有些别有用心的人可能会无意中听到你与助手说了一些你不该说的话,并在采访过程中以此来向你发难。

2. 更关注你想要传递的信息和表达的观点,而不是你个人的表现。如果你这样做，你就会越来越投入，注意力也会越来越集中，你的表现自然就不会差。

3. 了解要采访你的节目。节目是什么形式的？主持人是聪明的、愚蠢的、脾气不好的、雄心勃勃的、心胸开阔的还是保守的？他是否做好了充分的准备？主持人是否只注重形式，而不注重内容？了解自己即将面临的情况可以让你更好地了解自己该如何行事。

4. 做正确的事情。与其让自己处于防御姿态，不如保持积极的心态并主动出击。

5. 努力保持积极乐观、乐于助人和满怀热情。清楚阐明你的观点，引导他人，举例说明。真诚地尝试以最有帮助的方式传达你的答案或观点。

6. 不要攻击你的对手。攻击对手的习惯非常不好，特别是当这个人没有在现场为自己辩护的时候。你可以随意质疑他人的逻辑、推理和结论，但不能抨击他人的性格或动机。对他人进行人身攻击的人本身也有问题。

7. 避免使用带有商业、官僚主义和学术气息的"秘密握手"语言。例如，用"家"，而不用"家庭居住单元"；用"死亡"，而不用"住院治疗的消极后果"；用"债券"，而不用"固定收益工具"；用"医生"，而不用"主要的医疗保健提供者"。

8. 认真倾听。你表现得有多好取决于你听得有多认真。如果你参加的是小组讨论等形式的节目，请注意所有的问题和答案。要警惕基于虚假信息、带有误导性或明显充满敌意的另有所指的问题。

9. **做自己**。这一点无须多说。不要试图改变自己或扮演一个角色,这样只会让别人觉得你很假。

10. **如果提问者把你逼得很紧,你也可以向他发问**。20世纪80年代,美国总统老布什在一场令人难忘的竞选采访中突然对主持人丹·拉瑟(Dan Rather)进行反击,问了一系列尖锐的问题。这一策略显然让拉瑟措手不及,大家都看出老布什赢了。

11. **提前准备你将引用的话**。在采访中,没有什么比巧言妙语更能唤起人们的想象力了。你可以准备一些令人回味的词语,如"定时炸弹"或"即将发生的事故"等来强调你的观点。

12. **谨慎而明智地使用统计数据**。用统计数据来强调你的观点可以提高观点的可信度,但也可能使你的信息显得很杂乱。我建议每个观点使用不超过两组数据,而且尽量简化数据。例如,"83%的受访者表示他们支持这项措施,但只有15%的人表示愿意支付额外的税款",或者你只需要说"十个美国人中有八个人支持这项措施"。

13. **引用你的个人经历**。多说说你的所见所闻,你的亲身经历是不可取代的。例如:"人们抱怨官僚主义,抱怨他们似乎什么事情也做不成。但是我在地方政府任职的三年中,我看到政府完成的项目比过去20年大公司完成的项目还多。"

14. **灵活应对另有所指的问题**。应对技巧如下:(1)反对该问题的前提("我不同意你对管理者的描述");(2)意识到有些人可能同意该问题的前提("有些人的想法可能和你的一样,但是……");(3)直接转换到你的立场("有些人的想法可能和你的一样,但大多数人没有认识到……"）。

15. 不要害怕改变想法。我们一生中可能会做出多次重大的改变，这太常见了，而且随着环境的变化，我们应该随时改变我们对有些事情的看法。想法的改变标志着灵活和开放，所以当你改变想法时，承认并解释清楚原因就行了。

16. 假设麦克风一直开着，即使在录节目前后或插播广告时也是如此。也就是说，不要说任何你不喜欢在直播或录播时说的话。没有人想成为"花絮"的一部分。

17. 尽量不要在采访者问你问题的时候点头。点头实际上是在礼貌性地暗示"是的，请讲，我明白"或"我在听"。但当你接受采访，特别是面对充满敌意或有贬义的问题时，你点头似乎就意味着"我同意你的假设"或"是的，我很愧疚和羞愧"。只有当你碰巧完全同意时才可以点头。

18. 用手指而不是手帕擦掉额头上的汗珠。灯光有时会热得令人不舒服，人们经常会出汗。如果你感觉自己在出汗，请小心地用手指擦去额头上的汗珠。使用手帕可能会让人认为你出汗的原因是问题太棘手，而不是灯光太热，而用手指擦汗实际上会让人认为你在思考。

19. 永远不要关注摄像机上的小红灯是否亮着。你应该始终关注主持人和其他嘉宾，尝试想象你正在进行的对话类似轻松的社交对话。演播室的导演负责控制摄像机，所以请不要浪费时间观察摄像机是否开着。否则，别人只会认为你注意力不集中且不值得信赖。此外，除非你是专业的直播天才，否则你会显得哗众取宠。

20. 不要对着监视器观察自己的表现。大多数演播室中的监视器会被隐藏起来，但如果没有，你也尽量不要盯着它观察你自己的表现，这只会让人觉得你的注意力不集中且对采访不重视。你应该关注的是主持人或嘉宾。你可以在采访结束后索要视频。

21. 尽量做到"讨人喜欢"。在采访中，讨人喜欢非常重要。你可以通过多种方式来衡量你的讨喜度。例如，在面对带有欺凌的攻击时保持冷静和理智或表现出幽默以及表达想帮助他人的愿望等。有时候你可能认为自己在采访中的表现很糟糕，但实际上你表现得非常好。

22. 努力做到干脆利落。谈话类新闻的时长一般只有18秒。考虑到播出时间和截止时间的限制，剪辑师通常喜欢剪辑得短一些以便稍后播出。如果你觉得你不使用过渡就可以回答这个问题，那就直接给出结论，然后用事实、数据或轶事支撑这个结论，这是最佳的解决方法。这样做，你甚至还会富余出一些时间。

5

别让你的领导力输在演讲上

The New Articulate Executive

第 16 章

演讲能力的自我提升训练

高尔夫球、滑雪和网球教练很多年前就知道,要想学得快,最好的方法就是拍摄自己的练习视频,然后请其他人观看这些视频,并提出建议。视频的主角会以非同寻常的专注去研究每一个动作和细节,毕竟他们是在观察自己,而且他们并不总是喜欢自己在视频中的样子。

当人们希望通过某种方式(如参与我的课程)来培养他们的演讲能力时,视频将帮助他们:(1)看到别人眼中的自己;(2)发现分散听众注意力的肢体动作或手势;(3)练习演讲;(4)更好地使用停顿和眼神接触等关键技巧;(5)监测自己的进步情况。

即使你从未接受过任何专业帮助或任何形式的演讲培训,你也可以通过在家或办公室中录制视频的方式来成为优秀的演讲者,因为大多数人对视频中可能出现的缺点都非常敏感。一旦你发现了自己的缺点，练习就变得容易多了，直到你彻底克服这些缺点。但重要的是，你最好不要因为觉得问题太多而放弃。所以，我建议你练习的时候最好能够应用我在本书中提到的原则。如果你没有录视频的设备（摄像机、iPad、智能手机等），你也可以对着镜子练习。练习照稿演讲，练习眼神交流，练习停顿以强调重点。

你还可以向你喜欢的政府官员、商界精英或演艺明星学习，借鉴他们的优点来提高你的演讲能力。

然而，如果你认为自己做不对（即使读了本书也不知道该如何做），而且你真的在很认真地对待这件事，那么你也可以请私人教练。你可能觉得这太奢侈了，但对于公司职员或想要竞选公职的人而言，私人培训是一项回报颇丰的投资。

我想再次强调之前提到的黄金法则。

> 如果你在镜子里看不到自己的眼睛，也就是说，如果你的视线在你说话时没有一直保持在水平线上，那么你肯定做错了什么。

先进的技术、大规模生产、成本降低以及信息时代的需求使更多的人有能力购买物美价廉的高质量摄像机（具有内置录音机和回放功能的手持电视摄像机）。对那些想要依靠自己的努力，从而变得更优秀的人而言，没有任何工具比它更有用或能够提供更多的信息。

第17章

出色的演讲能力让你的未来可期

无论我们喜欢与否，我们终将发现，我们的说话方式在某种程度上决定了我们的声誉、事业甚至社交生活。我们说的话是容易被人遗忘，还是令人印象深刻，并让人们按照我们说的去做？我们说的话是很无聊，还是能够引起人们的关注，并积极参与进来？我们的说话方式是埋没了我们的聪明才智和无限潜力，还是以最好的方式展示了我们自己？我们说话的方式可能会影响我们的生活。

> 我们能取得多大的成功取决于我们的表达能力、词汇量和对语言的把控能力。

在无数次人际交往中，人们会根据我们在面对面沟通时如何展示自己来评判我们的能力，无论公平与否。我所说的包括领导力沟通

领导者演讲力

The New Articulate Executive

（领导者用语言来领导下属）、问题管理（说什么、什么时候、对谁说）、时间管理（让我们不要花太多时间来准备）、生产效率（他们明白了吗）、有效性（我们是否得到了结果，他们是否做了我们希望他们做的事）和盈利能力（我们的增长、盈利和财富是否可以归因于我们如何定位自己并且讲述我们自己的故事）。

甚至我们接电话的方式也会影响我们的未来。不善言辞可能会破坏重要的交易，甚至会毁掉我们整个的职业生涯。在任何组织中，缺乏眼神交流或自说自话可能会阻碍进步。

有没有可能用金钱来衡量良好的沟通技巧的商业价值呢？我记得有位新上任的首席执行官曾经问过我："领导者的沟通技巧很重要，但我不知道如何衡量它的价值。我觉得我不是很了解。"这位首席执行官负责公司的财务，当他没有具体的标准去衡量进步的时候，他就会感到不安。他想让我向他保证，他花在演讲培训方面的钱是一项不错的商业投资。

我的回答很简单。我说我也不知道如何准确地衡量，但我让他回想一下他成为首席执行官后不久我们的第一次合作。我的任务是帮助他为第一次分析师会议做准备。我们见了三次面，每次两小时。这次会议结束后的第二天，这家公司的股票涨了45个点，为公司带来了约1亿美元的账面利润。

所以我对他说，无论如何衡量，如果他将股价上涨1%的1/10归功于我的培训，那么他就应该付给我更多的培训费。他听完后哈哈大笑。

我们都知道我们有掌握自己命运的能力，知道我们总有进步的空间，而且无论我们做什么，都是在不断进步的（这其实是很有趣的事情），这会令我们很兴奋。我小时候学会了滑雪，现在仍然会滑。当我长大之后，我学会了骑摩托车。虽然我现在已经不再骑摩托车了，但如果我必须骑，我还是可以骑的。打网球、打高尔夫球和开飞机也是如此。

> 一旦你了解了规则和动作，你就知道游戏该怎样玩了。你玩的次数越多，你就玩得越好。你玩得越好，你就越有乐趣。你越有乐趣，你做任何事情就越有可能获得成功。

但正如我一开始所说，我们现在正沉迷于多媒体技术。我们已经被社交媒体的迷人魔力所诱惑：电子邮件、微信、Twitter、博客、YouTube，再加上数百个新颖的移动应用程序，沉迷其中常常以牺牲我们的职业生涯和公司的未来为代价。从某种意义上说，我们已经离不开那些令人眼花缭乱的"玩具"了。

但我认为我们可能押错了宝。少数幸运的人将这场快速的文化变革视为机遇，并认识到能言善辩的管理者正变得越来越稀有。他们可以跳出社交媒体圈，将自己定位为领导者，而他们的同行和竞争对手却迷失在了令其无法专心的技术创新中。换句话说，他们可以将自己打造成有价值的商品。

领导者演讲力
The New Articulate Executive

> 社交媒体才能和智能手机永远无法取代两个人面对面沟通或一个人与 1000 人交谈。一对一实时互动、眼神交流和握手总是胜过发短信和电子邮件。

产品就是这样卖出去的,交易就是这样完成的。这就是投资者愿意掏腰包、军队能够获胜、客户愿意增加订单、销售人员赢得订单和签署合同,以及合作伙伴关系得到维持和巩固的原因。

然而,人们似乎很少学习如何说话,即使学,他们的方法也不对,正如我们之前提到的那样。我看到很多人在艰难且无情的商业世界失去了机会。我相信,只要他们学会说话,他们的工作就会轻松很多。

成为一位玩家可能非常简单。只要理解并学会运用我在本书中介绍的一些基本方法,你马上就能够看到效果。

初学者可以加入国际演讲协会(Toastmasters International)等平台或组织。你可以多多练习,你练习得越多,犯的错就会越少。你可以享受乐趣,并承受一些小失败。一旦你学会了如何掌控全场并影响听众,你就成功了,而且你会迎接一次又一次的成功。很快你就会发现这个游戏的乐趣,感受到语言在商业和生活中的无穷力量。

既然回报如此丰厚,我们没有理由不做出改变来改善我们的生活。我所说的回报将是任何愿意为此付出努力的人都可以得到的回报,例如:

第 17 章 出色的演讲能力让你的未来可期

- 希望被视为领导者的首席执行官；
- 想要成为首席执行官的首席运营官；
- 想要驱动股价上涨的首席财务官；
- 希望更好地服务客户并实现自我提升的律师；
- 想要赢得市场的销售人员；
- 想要帮助客户及其管理层理解晦涩内容的研究人员；
- 想要提升自我的团队领导者；
- 想要激励学生的老师；
- 想要获得投资以扩大业务的企业家；
- 想要成为变革型领导者的管理者；
- 想要成为标杆领导者的变革型领导者；
- 为了让世界变得更美好而在葡萄园中辛勤劳作的劳动者。

平庸并非不可避免。摆脱平庸的方式就是行动起来，只需要实践你在本书中读到的内容。

不要浪费每一分钟。就从明天开始吧！抓住机会，见证你自己的进步吧！

The New Articulate Executive

后 记

成为优秀的演讲者,你准备好了吗

现在,你已经了解了规则,并且为快速进步做好了准备。游戏即将开始,你准备好了吗?要想成为领导力沟通方面的专家,你必须熟知并熟练掌握成功的秘诀。要想脱颖而出,那么复习一些基础知识是非常值得的。首先,问自己以下几个简单的问题。

- 完美的演讲和POWER公式由哪些要素构成?
- 如何确保演讲的开头引人入胜以及结尾令人印象深刻?
- 如何正确使用"火箭"和"项链"?
- 如何避开18分钟之墙?如何运用八秒法则?
- 照稿演讲的基本原则有哪些?
- 如何运用"奥利奥"策略?
- "三明治"和"威化饼"策略之间有什么区别?
- 我的团队如何才能像一个团队?
- 最常见的语言错误有哪些?

后 记

- 为什么"上—下—上"原则如此重要？
- 为什么 GO 区如此重要？

以上这些问题的答案能够改变游戏结果，你在每天的工作中都会用到。

你也许会认为以下这个清单非常有用。

- 不要一上来就说客套话。如果你必须要说，就请在说完引人入胜的开头之后再说。
- 记住 POWER 公式：P（迅速出击/引人入胜的开头），O（一个主题），W（窗户/例子），E（耳朵/对话式语言），R（令人印象深刻的结尾）。
- 无论是什么演讲，不要一上来就播放 PPT（除非它是蓝色或黑色的空白 PPT、标题、标识或视频）。
- 演讲结束时不要使用 PPT（或返回标识等信息或空白 PPT）。
- 在实际演讲中不要使用文字 PPT，而是将它们保留在讲义或存档文件中（纸质版或电子版）。
- 不要使用文字 PPT，只使用图、表格、示意图和照片。
- 如果你必须使用文字 PPT，就只使用简短的引言以及产品或人名列表；使用一个单词或短语（如在每张 PPT 中间插入一个大标题）而不是项目符号；一个标题只能出现在一张 PPT 上，不能跨页。
- 避免使用白色背景，酌情使用淡而柔和的颜色。
- 简化 PPT，除非你想刻意强调复杂性。
- 每张 PPT 只使用一张图片（除非你准备的是演讲稿）。

- PPT不宜太"厚"（威化饼）。你的讲义做多厚都行（三明治）。

执行

- 播放下一张PPT之前先使用导语将其引出（用八秒钟介绍下一张PPT的要点）。
- 说完导语再点击播放下一张PPT。
- 让你的视线停留在听众的视野范围内（GO区）：O区太高，NO区太低。
- 不要提前分发纸质版资料（除非客户或顾客坚持）。
- 演讲结束再分发纸质版资料。
- 团队演讲时，请在坐下之前做好介绍工作。
- 演讲时，可以通过沉默来暗示下一位演讲者可以发言了（不需要再做介绍），以实现无缝衔接。
- 如果使用演讲桌，请尽量离它远一些，这样你就可以抬起头来。让你的眼睛来完成各项工作（看脚本、笔记或大纲）。
- 如果你选择照稿演讲，请放大字号，使用双倍行距，使每个句子单独成段，一句话不要跨页（在当页结束），在四个角都标上页码。
- 记住，视线的移动要遵守"上—下—上"原则，而不是"下—上—下"原则。
- 学会换气，特别是在句子之间换气。
- 练习停顿。
- 完成演讲后试着问："你们怎么看？"

规则

- 八秒法则：听众会在八秒钟内决定你的演讲是否值得一听。
- 18 分钟之墙：如果你的演讲时间超过了这个心理极限，听众可能就会失去兴趣。如果你必须延长演讲时间，你可以使用邀请另一位演讲者、播放视频、分享与主题相关的故事或加入问答环节等方式。
- 如果你不能在八秒钟之内说出主题，要么是你的演讲没主题，要么是你根本不清楚自己的主题是什么。

着装

- 简单、保守、有品质。

怯场

- 如果你不过分关注你自己和你的表现，而是更多地关注你所讲的内容以及它们将如何帮助听众，那么你可能就不会担心自己的表现了。

其他建议

- 做好充分的准备。
- 将你的听众想象成家人和朋友。
- 想想你认为自己做得很好的那些时刻。
- 请记住，实际情况会比我们的感觉好。

现在到了关键时刻，因为从现在开始，你可以把具有竞争力的新知识运用到工作中，开始收获来之不易的回报了。

例如，你有重要的演讲吗？现在就开始为以下场景做准备吧：

- 主题演讲；
- 季度回顾；
- 行业演讲；
- 管理层报告；
- 销售会议；
- 电视节目；
- 战略会议；
- 董事会会议；
- 媒体宣传；
- 小组讨论；
- 研讨会；
- 年会；
- 分析师会议；
- 募捐活动；
- 营销或销售活动；
- 团队会议；
- 投资者会议；
- 颁奖晚宴；
- 求职面试；
- 员工大会。

后 记

这些都是我们获得竞争优势、取得进步、实现盈利和成长的好机会，只要我们知道如何利用我们掌握的新知识和新技能来获得机会，以及如何从不同的听众那里得到可衡量的结果。

假设你将在下个月向行业内的重要人士发表演讲。去年，这对你而言可能是一种折磨，会让你寝食难安，但现在你不会这么想了。因为现在你有了 POWER 公式，你知道如何照稿演讲，你有"火箭"和"项链"，你知道 18 分钟之墙。

你要问自己的第一个问题是：我的主题是什么？我要传递什么样的信息？

那么，你的主题究竟是什么呢？

不知道？那就看一看你的公司和社会经济环境中正在发生什么，然后仔细想想你看到的。还是不确定？那就和同事或合作伙伴开会讨论。如果你开始寻找你的主题，你就一定可以找到。

你可以尝试提出一个有趣的观点或你自己的方法，或者从任何可能体现你个人领导力的角度出发来解决一个长久未得到解决问题。

还是没找到？那就试一试八秒法则。选择一个你可能想要谈论的主题，给自己三分钟的时间，然后按照你自己的方式慢慢将时间缩短到八秒钟。根据定义，八秒的内容就是你的主题。八秒法则可以自动帮你筛选出信息，因为这八秒是你最开始想到的所有内容的精华。

为方便起见，也为了展示所有内容，现在我邀请你尝试找到一个主题，这个主题在某种意义上可以成为你的"方针路线"、最重要的信息,以及对你(或公司)而言最重要的问题或目标。这是你为自己或公司"发声"前所未有的好机会,你可以将这个主题应用于各种发言场合。

记者将这个主题称为"常青树"故事,因为它只要仍然有用,就永远不会改变。

请花时间思考一下,然后写在下面,只有一两句话也可以。

1._____

2._____

找到主题之后,你就可以前进了。其他一切都可以准备好了。现在你应该问自己的第二个问题是:我应该如何开头,如何结尾?请记住你的主题,写下三种能让你的开头引人入胜的方法(你可以只使用一种方法,也可以同时使用三种,或者如果你愿意,可以使用更多种)。

1._____

2._____

3._____

如果你想创新,你也可以考虑从视频或/和音乐开始。现在请写下三种能让你的结尾令人印象深刻的方法。

1._____

2._____

3._____

后 记

你应该问自己的第三个问题是:我将如何证明自己的观点?我能拿出什么令人信服的证据?你应该能够列出一张清单。选择最具说服力的五个证据并写下来。

1._____

2._____

3._____

4._____

5._____

就是这样。是不是非常简单?折磨人的演讲准备工作已经完成了!你不用再头疼和担心了。准备时间几乎可以缩减至零,效率提高的影响可能无法估量。现在剩下的唯一一件事情就是撸起袖子加油干了。

正如我在本书开头所说,在商业世界中,没有什么比与重要客户面对面地沟通更能给你带来机会的了。如果我是你,我会重视每一位听众。虽然社交媒体可能会有所帮助,但它们永远无法取代你。

发令枪已响,比赛开始了!

Granville N. Toogood

The New Articulate Executive: Look, Act, and Sound Like a Leader

978-1260026658

Copyright © 2010 by The McGraw-Hill Companies, Inc.

All Rights reserved. No part of this publication may be reproduced or transmitted in any form or by any means, electronic or mechanical, including without limitation photocopying, recording, taping, or any database, information or retrieval system, without the prior written permission of the publisher.

This authorized Chinese translation edition is jointly published by McGraw-Hill Education and China Renmin University Press. This edition is authorized for sale in the People's Republic of China only, excluding Hong Kong, Macao SAR and Taiwan.

Translation Copyright © 2022 by McGraw-Hill Education and China Renmin University Press.

版权所有。未经出版人事先书面许可，对本出版物的任何部分不得以任何方式或途径复制传播，包括但不限于复印、录制、录音，或通过任何数据库、信息或可检索的系统。

本授权中文简体字翻译版由麦格劳–希尔教育出版公司和中国人民大学出版社合作出版。此版本经授权仅限在中华人民共和国境内（不包括香港特别行政区、澳门特别行政区和台湾）销售。

翻译版权 © 2022 由麦格劳–希尔教育出版公司与中国人民大学出版社所有。

本书封面贴有 McGraw-Hill Education 公司防伪标签，无标签者不得销售。

北京市版权局著作权合同登记号：01-2018-5464